WESTEND

W0196057

SEVIM DAGDELEN

DER FALL ERDOGAN

Wie uns Merkel an einen Autokraten verkauft

WESTEND

Mehr über unsere Autoren und Bücher:
www.westendverlag.de

Die Deutsche Nationalbibliothek verzeichnet diese Publikation in
der Deutschen Nationalbibliografie; detaillierte bibliografische Daten
sind im Internet über http://dnb.d-nb.de abrufbar.

ISBN 978-3-86489-156-4
© Westend Verlag GmbH, Frankfurt/Main 2016
Umschlaggestaltung: Buchgut Berlin
Satz: Publikations Atelier, Dreieich
Druck und Bindung: CPI – Clausen & Bosse, Leck
Printed in Germany

Inhalt

Vorwort

von Can Dündar

In den türkischen Schulbüchern heißt es über das Ende des Ersten Weltkrieges: »Die osmanischen Soldaten kämpften heldenhaft an allen Fronten, doch als die Deutschen besiegt waren, galten auch wir als besiegt.«

Wenn ich mir die Zeitläufte heute, ein Jahrhundert später, anschaue, scheint mir eine Revanche für 1918 im Gange zu sein. Im Krieg um Demokratie und Menschenrechte wird, da die Türkei besiegt ist, schließlich auch Deutschland, das von Anfang an vor jeder ihrer Unrechtshandlungen die Augen verschloss, als besiegt gelten.

Diesen Verlauf scheint Kanzlerin Merkel gespürt zu haben, als sie bei ihrem wer weiß wievielten Besuch in Istanbul zum Treffen mit Erdogan auf dem vergoldeten Thron saß. Nervosität und Anspannung standen ihr ins Gesicht geschrieben. Doch was man ihrer Miene ablesen konnte, hörte man von ihren Lippen nicht.

▪ Als die Türkei zum weltweit größten Gefängnis für Journalisten gemacht und die Pressefreiheit mit Füßen getreten wurde,
▪ als Akademikerinnen und Akademiker, Schriftsteller und Künstler verhaftet wurden, weil sie Unterschriften für den Frieden gesammelt hatten,
▪ als Städte im Südosten durch Panzerbeschuss zerstört wurden,
▪ als die Immunität von Abgeordneten aufgehoben wurde,
▪ als eine Hexenjagd auf Oppositionelle eingeleitet wurde,

… da war Merkel stets darauf bedacht, kein einziges Wort zu sagen, das Ankara betrüben könnte, und sich kein einziges Mal mit der Opposition zu treffen. Sie schwieg auch,

- als der türkische Staatspräsident, ermutigt durch ihre Unterstützung, »Bluttests« von Abgeordneten im Deutschen Bundestag forderte;
- als ihren eigenen Staatssekretären und Abgeordneten die Erlaubnis zum Besuch der auf dem Luftwaffenstützpunkt Incirlik stationierten deutschen Soldaten verweigert wurde;
- als der deutsche Botschafter in Ankara nachgerade zur Persona non grata erklärt wurde, weil er Unrechtmäßigkeiten bei Gerichten beobachtet hatte.

Zu alldem schwieg Merkel und erlaubte obendrein, dass von diesen zigtausend Beleidigungsprozessen, die Erdogan anstrengte, einer auch in ihrem eigenen Land eröffnet wurde, um Ankara glücklich zu machen.

Während wir uns vom Westen Unterstützung im Kampf für die Demokratie erhofften, tat der Westen das Gegenteil und importierte seinerseits die Autokratie aus der Türkei. Weswegen? Um eines schmutzigen Abkommens wegen, das Flüchtlinge vom europäischen Kontinent fernhalten soll. Womöglich hat dieses Abkommen tatsächlich Millionen von Flüchtlingen daran gehindert, nach Europa zu gelangen, doch weder brachte es den Türken Visafreiheit, noch taugte es zum Schutz Europas vor der aufbrandenden Nationalismuswelle.

Die in Ankara tolerierte autokratische Regierungsform bereitet sich auch zur Machtübernahme in europäischen Hauptstädten vor. Die EU-Skepsis im Osten und die Islamophobie im Westen schaukeln sich – zwei Messern gleich, scharf geschliffen, indem man sie aneinander wetzt – gegenseitig hoch und versperren der Welt den Weg in die Zukunft. Europa, ein Synonym für Freiheit, Demokratie und Rechtsstaat, entfremdet sich den eigenen Werten, je mehr es sich angesichts terroristischer Bedrohung an eine Sicherheitspolitik klammert.

Doch so wenig die Türkei allein aus Erdogan besteht, so ist Deutschland nicht allein Merkel. Wie es in der Türkei Menschen gibt, die sich ungeachtet aller Bedrohungen für Demokratie einsetzen, gibt es auch in Deutschland Menschen, die beharrlich für Frieden, Demokratie und Freiheit einstehen und nicht bereit sind, um kurzfristiger Interessen willen die universellen Werte der Menschlichkeit aufzugeben.

Eine von ihnen ist Sevim Dagdelen.

Eine Politikerin, die unseren Kampf unterstützt, die zu unseren Verhandlungen anreiste, die weiß, dass die Lösung nicht in einer Interessengemeinschaft mit den Regierungen liegt, sondern in der internationalen Solidarität der Völker. Sie ist eine von denen, die herausragende Beiträge dazu leisten können, dass die erhoffte Brücke zwischen Deutschland und der Türkei aus demokratischen, friedlichen und freiheitlichen Steinen erbaut werden kann.

Was sie in diesem Buch schreibt, ist wegweisend für beide Länder.

Folgendes dürfen wir nicht aus dem Blick verlieren: Wir sind nicht in Deutsche und Türken getrennt. Wir sind gespalten in Türken und Deutsche, die an Demokratie, Freiheit, Frieden, Recht und Gerechtigkeit, Arbeit und Engagement, Menschenrechte und Gleichberechtigung von Mann und Frau glauben, auf der einen Seite – und Türken und Deutsche, die nicht daran glauben, auf der anderen.

Wenn dieses Mal Letztere besiegt werden, gelten Erstere als Sieger.

(aus dem Türkischen von Sabine Adatepe)

Einleitung

Dies ist weder ein Türkei-Buch, noch geht es um die Machenschaften des türkischen Staatspräsidenten Recep Tayyip Erdogan oder den Schiffbruch der deutschen Bundesregierung mit ihrer Türkei-Politik allein. Im Mittelpunkt steht vielmehr das deutsch-türkische Verhältnis. Ein Verhältnis, das von einer zunehmenden Unterwürfigkeit insbesondere der deutschen Bundeskanzlerin Angela Merkel und ihres Außenministers Frank-Walter Steinmeier gegenüber einer autokratisch regierten Türkei im Allgemeinen und ihrem Präsidenten Erdogan im Besonderen geprägt ist.

Angesichts der Unterwerfung der deutschen Bundesregierung aus Christ- und Sozialdemokraten unter die düsteren Prämissen der Politik Erdogans ist gerade im vergangenen Jahr das Thema Türkei von einem Metier für außenpolitische Spezialisten zu einem Gegenstand geworden, der uns alle angeht. Ein zyprischer Freund erzählte mir jüngst einen Witz, mit dem man versucht, sich das Verhalten Merkels im Ausland zu erklären. Es habe den Anschein, als ginge es der Kanzlerin nicht um einen Beitritt der Türkei zur EU, sondern ganz im Gegenteil um einen Beitritt der EU zur Türkei. Und in der Tat kann man sich dieses Eindrucks nicht erwehren, auch wenn die EU alles andere als ein Hort der Freiheit, Demokratie und des Rechts ist. Denn gerade die Bundeskanzlerin ist dem türkischen Staatspräsidenten in einer ungeahnten Weise entgegengekommen.

In meinem Buch versuche ich, nur einige wenige ihrer Verbiegungen und Verbeugungen – von der Resolution zum Völkermord an den Armeniern über die Bedrohung von Bundestagsabgeordneten bis zur Affäre um den Satiriker Jan Böhmermann – schlaglichtartig zu beleuchten. Aber schwerer als das persönliche Versagen wiegt die Ausrichtung der deutschen Politik auf Erdogans Türkei bei der Flüchtlingsabwehr, auf die geopolitische und geostrategische Lage des Landes am Bosporus im Rahmen der NATO sowie auf die Bedeutung der Türkei für den deutschen Kapitalexport und profitable Anlagemöglichkeiten. Diese dreifache Fixierung, so meine These, führt fast schon naturgesetzlich zur Blindheit der Bundesregierung gegenüber den schlimmsten Menschenrechtsverletzungen gerade auch in Folge des Putschversuchs und der anschließenden Welle von Massenentlassungen, Massenverhaftungen und Folterungen. Angela Merkel und Frank-Walter Steinmeier ermutigen den türkischen Präsidenten Erdogan nicht nur zu immer neuen Untaten in seinem Land, sondern gefährden durch ihre Allianz mit dem Autokraten auch die Sicherheit und Freiheit der deutschen Bevölkerung.

Die Bundesregierung selbst bekennt einem Bericht der *Tagesschau* am 16. August 2016 zufolge in ihrer Antwort auf meine Kleine Anfrage, dass sich die »Türkei zur zentralen Aktionsplattform für islamistische Gruppierungen der Region des Nahen und Mittleren Ostens entwickelt« hat. Allein, sie weigert sich, daraus irgendwelche Schlussfolgerungen für ihren Umgang mit Erdogans Türkei zu ziehen. Steinmeiers Auswärtigem Amt wäre es sogar lieber gewesen, derartig offenherzige Einschätzungen des Innenministeriums hätten grundgesetzwidrig weder die Bundestagsabgeordneten noch die Öffentlichkeit erreicht. Ein Skandal im Skandal. Es wäre aber zudem naiv, sich den regional beschränkten Blickwinkel der Bundesregierung zu eigen zu machen. Denn es geht Erdogan nicht nur um den Nahen Osten. Es geht ihm auch um Europa und um Deutschland. Hier agiert sein engmaschiges Einflussnetz bisher weitgehend ungestört von deutschen Behörden. Es mutet geradezu grotesk an, wenn die Kanzlerin meint, dem mit Loyalitätsappellen an die »türkei-stämmigen« Migrantinnen und Migranten in Deutschland begegnen zu können, während der Einfluss Erdogans auch aufgrund ihrer Kotaupolitik hierzulande weiter wächst. In der bereits angeführten Antwort der Bundesregierung heißt es ferner: »Die zahlreichen Solidaritätsbekundungen und Unterstützungshandlungen für die ägyptische MB (Muslimbruderschaft, Anm. der *Tagesschau*-Redaktion), die Hamas und Gruppen der bewaffneten islamistischen Opposition in Syrien durch die Regierungspartei AKP und Staatspräsident Erdogan unterstreichen deren ideologische Affinität zu den Muslimbrüdern.« Das heißt, dass die Bundesregierung, die den türkischen Staatspräsidenten Erdogan zum Partner hat und weiterhin haben will, sehr wohl weiß, dass er den islamistischen Terror fördert.

Genau von diesem fortgesetzten Skandal handelt dieses Buch. Die Krone setzt diesem Vorgehen die türkische Invasion in Syrien auf. Formal geht es wieder einmal bei Erdogan gegen den IS, in Wirklichkeit aber gegen die syrischen Kurden. Mit brutaler Gewalt und einem neuerlichen Völkerrechtsbruch setzt er seine geopolitischen Interessen in Syrien durch. Islamistische Mörderbanden bahnen ihm dabei den Weg für sein Konzept einer türkischen Pufferzone jenseits der Grenze in Syrien. Die USA zeigten sich hinsichtlich dieser türkischen Interventionszone lange zurückhaltend, bis US-Vizepräsident Joe Biden bei seinem Türkei-Besuch nach dem Putschversuch grünes Licht gab und zugleich die syrischen Kurden fallen ließ wie eine heiße Kartoffel. Erdogans Wink, er könne auch auf Russland setzen, wurde offenbar prompt verstanden. Wer aber in der NATO hatte sich Erdogans Idee der Pufferzone in Syrien als erste zu eigen gemacht? Richtig, es war Angela Merkel, denn die Förderung islamistischen Terrors durch die Türkei nahm man sehr wohl zur Kenntnis, wollte sie aber ganz nach dem Vorbild Erdogans für sich instrumentalisieren. Bereits im Oktober 2015 sprach sich die Bundeskanzlerin für die Pufferzone aus, denn die Türkei befinde sich in einer schwierigen geopolitischen Lage. Die Kurden, die in erster Linie daran beteiligt waren, den IS im Norden Syriens zu vertreiben, werden jetzt von Gruppen, die mit Al-Qaida kooperieren, und unter der Drohung der USA, ihre Unterstützung einzustellen, gezwungen, die von ihnen befreiten Gebiete islamistischen Mörderbanden zu überlassen.

Auch das Auswärtige Amt kann daran nichts Anstößiges finden. Offensichtlich bestehe das Interesse der Türkei auch darin, dass im Norden Syriens kein Gebiet unter vollständiger kurdischer Kontrolle entstehe, hieß es dort im August 2016. Dies müsse man zur Kenntnis nehmen. Ankara gehe »zu Recht oder zu Unrecht« davon aus, dass es Verbindungen zwischen der auch von Deutschland als Terrororganisation angesehenen Arbeiterpartei Kurdistans (PKK) auf türkischer Seite und Teilen der Kurden auf syrischer Seite gebe. »Wir respektieren das, und wir sind auch der Meinung, dass es das legitime Recht der Türkei ist, gegen diese terroristischen Umtriebe vorzugehen.«

Die Bundesregierung setzt in vielfältiger Weise auf Erdogan als Partner. Aber Erdogan ist kein Partner, erst recht nicht für Verhandlungen. So warnt der türkische Literaturnobelpreisträger Orhan Pamuk: »Die Gedankenfreiheit existiert nicht mehr. Wir bewegen uns mit großer Geschwindigkeit von einem Rechtsstaat zu einem Terrorregime.« Es ist wichtig, an einem Dialog festzuhalten, wer aber Erdogan vertraut oder sich gar auf ihn verlässt, der setzt sich wie die Kanzlerin zwangsläufig stets neuen Erpressungen aus. Im Rahmen parlamentarischer Besuchsreisen bin ich ihm mehrfach begegnet, dabei machte er auf mich ganz stark den Eindruck eines brutalen Machtmenschen, der im persönlichen Umgang mit anderen auf Einschüchterung, Lügen und plumpe Machtgesten setzt. Als ich ihn von Angesicht zu Angesicht auf seine Verwicklung in die Islam-Holdings in Deutschland, die Tausende kleiner Anleger ihr mühsam Erspartes kosteten, ansprach, reagierte er unwirsch und versuchte mir Angst zu machen. Schon damals agierte Erdogan wie ein Pate, der einem schlechten Mafiafilm entsprungen zu sein schien.

Im September 2016 kam es zu einem vorerst letzten Höhepunkt der Unterwerfungspolitik gegenüber Erdogan. So distanzierte sich die Bundesregierung, um Besuche von Bundestagsabgeordneten bei Bundeswehrsoldaten auf dem türkischen Luftwaffenstützpunkt in Incirlik zu ermöglichen, von der Armenien-Resolution des deutschen Parlaments. Die türkische Seite jubelte, dass dabei sogar die Wortwahl Ankaras übernommen wurde. Alle anschließenden Dementis, es habe sich nicht um eine Distanzierung gehandelt, blieben unglaubwürdig. Das Verfassungsorgan Bundestag wurde in einer bisher nicht gekannten Art und Weise von der Bundesregierung desavouiert.

Es ist genau dieser moralische Bankrott der Bundeskanzlerin und der Regierung, der sie vorsteht, der nach einer radikalen Wende in der Türkei-Politik schreit. Und dabei geht es nicht nur um die Menschen in der Türkei, sondern um uns alle. Ein geistig-moralischer Beitritt zur Türkei Erdogans muss verhindert werden.

1 Der EU-Türkei-Deal

Nach Auffassung eines Beraters von Recep Tayyip Erdogan sollte die türkische Politik allein dem türkischen Präsidenten vorbehalten bleiben. »Es ist nicht notwendig, dass jemand anderes Politik macht«, sagte Erdogan-Berater Yigit Bulut am 14. Juni 2016 im türkischen Staatssender TRT Haber. Erdogan sei der Mann für die Innen- und die Außenpolitik. »Unsere Aufgabe in diesem Land ist es, den Anführer zu unterstützen«, so Bulut. Und so ist Erdogan auch der Mann für den EU-Türkei-Deal zur Abwehr von Flüchtlingen. Zwar wurde von Seiten der EU mit dem damaligen Ministerpräsidenten Ahmed Davutoglu verhandelt. Im Hintergrund aber zog Erdogan die Fäden.

Dieser EU-Türkei-Deal ist es, der sich als das Instrument des türkischen Präsidenten erweisen sollte, die EU und insbesondere die deutsche Bundesregierung und die deutsche Bundeskanzlerin zu erpressen. Am 18. März 2016 hatten die EU und die Türkei in Brüssel das umstrittene Abkommen abgeschlossen. Die Vereinbarung bestand de facto aus zwei Teilen. Zum einen sagte die Türkei zu, alle »irregulär« über die Ägäis auf die griechischen Inseln wie Lesbos, Chios oder Samos gelangten Menschen, darunter auch die Kriegsflüchtlinge aus Syrien, aufzunehmen. Im Gegenzug sicherte die EU zu, in begrenztem Rahmen syrische Flüchtlinge aus der Türkei in die EU einreisen zu lassen. Ziel war es, die Ankunft von Flüchtlingen zu verhindern. Genau dies veranlasste die EU-Kommission bereits wenige Monate nach Abschluss zu einer regelrechten Jubelmeldung. »In den Wochen vor der Umsetzung der Erklärung sind täglich rund 1 740 Migranten über die Ägäis auf die griechischen Inseln gelangt. Dagegen lag die durchschnittliche Zahl der irregulären Grenzübertritte im Mai bei 47«, erklärte die EU-Kommission im Juni 2016. Gerade die von der Kommission gefeierte Abschottungsstrategie stand im Fokus aller internationalen Menschenrechtsorganisationen, von Amnesty International bis zum UN-Flüchtlingshilfswerk. Denn die Türkei hat die Genfer Flüchtlingskonvention, die Flüchtlinge u.a. vor einem Zurückschieben in ihre Verfolgerländer schützt, nur für europäische Flüchtlinge ratifiziert. Alle Flüchtlinge aus Afrika wie aus Asien und hier insbesondere aus Syrien, Irak und Afghanistan genießen in der Türkei somit keinen völkerrechtlichen Flüchtlingsschutz.

Teil zwei der Vereinbarung, der der Bevölkerung auch von der Bundesregierung weniger gerne vermittelt wurde, beinhaltet aber, dass der Türkei beschleunigt die Visafreiheit für alle ihre Bürgerinnen und Bürger zugestanden werden solle. Allerdings gibt es hierfür europarechtliche Regelungen, so dass die EU auf 72 Bedingungen zu bestehen hat, die die Türkei erfüllen muss. Darunter ist die Änderung bestehender Antiterrorgesetze in der Türkei, da diese dazu missbraucht werden können, um gegen Regierungskritiker vorzugehen. Der türkische Präsident hatte mehrfach gedroht, den Deal platzen zu lassen, wenn nicht die Visafreiheit umgehend gewährt werden würde. Die angemahnte Änderung der grundrechtsfeindlichen Antiterrorgesetze wies Erdogan brüsk zurück. So verwundert es nicht, dass gerade die deutsche Bundeskanzlerin in einer fast schon unheimlichen Art darauf drängt, hier doch noch zum Abschluss zu kommen, hängt doch ihre gesamte Flüchtlingspolitik daran, dass dieser Deal hält, und damit auch am Wohlwollen des türkischen Präsidenten.

Angela Merkel war sich deshalb nicht zu fein, für dieses Abkommen sämtliche europäischen Partner vor den Kopf zu stoßen. So waren diese nicht amüsiert, zu erfahren, dass die Blaupause für die Vereinbarung im deutschen Kanzleramt verfasst worden war und dann praktisch dem Ministerpräsidenten Davutoglu in die Tasche gesteckt wurde. Davutoglu wiederum bestand – auch um in der Türkei den Anschein von stolzer türkischer Souveränität zu wahren – auf einem Treffen in der türkischen EU-Vertretung in Brüssel, um sich dort mit der Kanzlerin und dem niederländischen Premier, der quasi als Anstandswauwau geladen war, über ein Papier zu einigen, das ihm die Deutschen längst diktiert hatten. Das Bild des Treffens aus der türkischen Botschaft darf denn fast schon als Sittengemälde der unkomfortablen Situation der Kanzlerin gelten. Sie musste sich in einen abgewetzten, schmutzigbraunen, zu niedrigen Ledersessel im Vorraum der Botschaft zwängen, während ihr Gegenüber Davutoglu sein schmierigstes Lächeln aufgesetzt hatte und sich über die Pressefotos freute. Dies war für Angela Merkel der Beginn einer kühlkalkulierten Unterwerfung. Den Weg wird sie in der Folge konsequent weiter beschreiten.

Die EU-Kommission wiederum ist in dieser so entscheidenden Frage nicht mehr als eine Unterabteilung des Auswärtigen Amtes in Berlin. Dieser Eindruck jedenfalls drängt sich auf, wenn man sich die Äußerungen des zuständigen EU-Innenkommissars Dimitris Avramopoulos anschaut. Selbst nachdem der türkische Staatspräsident und seine AKP-Regierung den deutschen EU-Botschafter Hansjörg Haber im Juni 2016 wegen seiner Kritik an der Umsetzung des EU-Türkei-Deals regelrecht zum Rücktritt genötigt hatten, erklärte Avramopoulos lapidar: »Der Weggang des EU-Botschafters hat keinen Einfluss auf unsere zweiseitigen Beziehungen.«

Auch den Visa-Deal treibt der Grieche voran, als wäre er Ministerialdirektor bei Außenamtschef Frank-Walter Steinmeier.

Wesentliche Bedingungen wie eine unabhängige Justiz und die Sicherung der Grenzen sieht er bereits erfüllt. Ankara müsse zwar noch verbliebene Bedingungen erfüllen. »Wir bleiben … bereit zu helfen«, so sein Versprechen. Die enge Abstimmung mit Angela Merkel wird auch dadurch erleichtert, dass Avramopoulos aus derselben Parteienfamilie kommt. Er gilt als konservatives Urgestein, absolvierte seinen Militärdienst im NATO-Hauptquartier in Brüssel und war unter Ministerpräsident Andonis Samaras von der Nea Dimokratia, der für die griechische Wirtschaftsmisere mitverantwortlich ist, erst Außen- und dann Verteidigungsminister.

Richtig, man mag seinen Ohren kaum trauen. Geht die EU-Kommission wirklich von einer unabhängigen Justiz in der Türkei aus? Ja, genau dies. Jedem denkenden Menschen mag das wie blanker Hohn vorkommen, aber in Brüssel gehen die Uhren anders.

Aber schauen wir auf die Fakten. Im Jahr 2010 hatte sich Erdogans AKP mit einem auch von der EU als Ausweis der Demokratisierung hochgejubelten Verfassungsreferendum (alleine die Oppositionspartei CHP und die alevitischen sowie linken Verbände hatten dagegen Front gemacht) den kompletten Zugriff auf die Justiz gesichert. Schauprozesse gegen Kritiker Erdogans wie im Fall des Komponisten Fazil Say oder des Journalisten Can Dündar, bei dem sogar die Öffentlichkeit ausgeschlossen und der Staatspräsident sowie der Geheimdienst MIT als Nebenkläger zugelassen wurden, sind an der Tagesordnung. Wer, wie die EU-Kommission, behauptet, das Kriterium einer unabhängigen Justiz in der Türkei für die Visafreiheit sei erfüllt, der ist entweder völlig naiv und ahnungslos oder aber bereit, jedes Verbrechen des türkischen Staatspräsidenten durchzuwinken. In der Frage der angeblichen Sicherung der Grenzen ist es noch schlimmer. Denn Erdogan spielte und spielt im syrischen Bürgerkrieg eine äußerst zwielichtige Rolle, um es vorsichtig auszudrücken. Zu dieser Rolle gehört, dass Erdogan die türkische Grenze zu den Teilen Syriens offen ließ, die von der Terrormiliz »Islamischer Staat« (IS) gehalten werden. So konnte sich der IS mit Nachschub an Kämpfern und Waffen über die Türkei versorgen. Eine sichere Grenze sieht jedenfalls anders aus. Aber auch von deutschen Offiziellen wie Innenminister Thomas de Maizière wurde das türkische Märchen, die Grenze sei mit ihren tausend Kilometern zu lang, zu unübersichtlich und deshalb nicht kontrollierbar, gerne nacherzählt, etwa im Interview in den *Tagesthemen* der ARD am 13. Januar 2016. Dabei hat Ankara bewiesen, dass es anders geht, denn die Grenze zu den von den kurdischen Selbstverteidigungskräften gehaltenen Gebieten im Norden Syriens ist dicht. Nicht einmal humanitäre Hilfe lässt die türkische Regierung hier durch. Zahlreiche verletzte kurdische Kämpfer verbluteten hier, weil Erdogan für sie die Grenze geschlossen hielt, während in türkischen Krankenhäusern Kämpfer des IS auf Staatskosten versorgt wurden. Fakt ist, die Grenze zum IS war gerade einmal neunzig Kilometer lang bis zum Einmarsch der Türkei im Norden Syriens. Wenn Erdogan vorgab, seine über 600 000 Sicherheitskräfte seien nicht in der Lage, ausgerechnet dieses Stück zu kontrollieren, dann streute er der EU-Kommission Sand in die Augen, und die schlief gern darüber ein.

Einer, der bei derlei Geschichten gerne im Hintergrund bleibt, aber als Drahtzieher für den EU-Türkei-Deal gilt, ist Uwe Corsepius. Er gehört zu den 89 Personen, gegen die Russland ein Einreiseverbot verhängt hat. Corsepius kennt die Brüsseler Bürokratie gut. Er war von 2011 bis 2016 Generalsekretär des Ministerrates. Der Posten ist öffentlich weithin unbekannt, aber einer der wichtigsten der EU. Seit Sommer 2015 ist Corsepius Leiter der Europaabteilung des Bundeskanzleramtes. Er gilt als glühender Transatlantiker. Früher hat er zudem für den Internationalen Währungsfonds gearbeitet. Am 15. Juni 2016 berichtete das Nachrichtenmagazin *Politico*, dass Corsepius in einer Nachricht an einen britischen Diplomaten die jüngsten Drohungen Erdogans als »lautes Getöse« bezeichnet hat. Der Merkel-Berater wies darauf hin, dass es im ureigenen Interesse Erdogans liege, die Beziehung zur EU aufrechtzuerhalten. In Berlin sei man außerdem zu dem Schluss gekommen, dass Erdogan genauso auf Europa angewiesen sei wie Europa auf die Türkei. Gerade die Visafreiheit, so Corsepius, sei ein wichtiges strategisches Ziel für die Türkei. Berlin warte nun darauf, dass sich die Gemüter beruhigten, heißt es in der Nachricht weiter. »Wir können die Kontrolle über die Situation behalten«, so Corsepius. Und in der Tat, bereits wenige Tage zuvor hatte die britische Zeitung *The Telegraph* berichtet, dass seitens der Bundesregierung mit der türkischen Führung darüber gesprochen bzw. verhandelt wurde, die Visaliberalisierung der EU mit der Türkei vom ursprünglich geplanten 1. Juni auf den Herbst 2016 zu verschieben, um dieses konfliktträchtige Thema auf die Zeit nach dem 23. Juni – also nach der Abstimmung der Briten über den EU-Verbleib – zu verschieben.

Merkel ist der EU-Türkei-Deal zu wichtig, um ihn an der Frage der Visafreiheit und den rechtlichen Rahmenbedingungen scheitern zu lassen. Bereits jetzt hat sie sich gemeinsam mit der Kommission über wichtige Vorbedingungen hinweggesetzt. Nach der Abstimmung in Großbritannien über den Austritt aus der EU legt sie erst richtig los. Dahingehend muss man auch die Aussagen ihres Chefberaters Corsepius lesen. Und wie wir sehen werden, setzt Merkel dabei nichts weniger als die Grundrechte in Deutschland aufs Spiel.

Corsepius hatte es angedeutet: Auch die Türkei kann nicht ohne den Deal. Was aber ist eigentlich für den türkischen Staatspräsidenten so wertvoll an diesem Pakt aus der Feder des Bundeskanzleramtes? Hier liegen die Dinge denkbar einfach, aber sie werden gerade von der Bundesregierung geflissentlich übersehen. Für Erdogan ist der Deal so immens wichtig, weil er die

Visafreiheit, die er sich dann ja auf die Fahnen schreiben könnte, als Faustpfand in seiner Kampagne für ein autoritäres Präsidialsystem mit ihm an der Spitze einsetzen will. Dazu kommt – und dies erscheint fast als noch wichtiger –, dass er über den Deal ein Instrument zur Erpressung von EU und Bundesregierung in die Hand bekommen hat.

Und dieses Instrument setzt er permanent ein. Zu viel Kritik an der Türkei? Erdogan droht offen oder verdeckt damit, die Flüchtlinge wieder durchzulassen. So geschehen im April 2016 anlässlich eines Berichts des Europaparlaments zu Demokratiedefiziten in der Türkei. Dieser Report sei eine Provokation, so der türkische Staatschef – und brachte umgehend die Reduzierung der Flüchtlingszahlen ins Spiel. »Die Europäische Union braucht die Türkei mehr, als die Türkei die Europäische Union braucht«, so Erdogan – er beurteilt damit die Beziehungsgewichte ganz anders als Merkels Chefberater Corsepius. Und genau darin liegt auch das große, vielleicht bewusste Missverständnis der deutschen Regierungspolitik. Sie denkt in den Kategorien der wechselseitigen Abhängigkeiten, während Erdogan eher so agiert wie ein Mafiapate. Er setzt darauf, dass am Ende die EU und die Bundesregierung schon nachgeben werden. Und gerade das Verhalten der Bundeskanzlerin sollte ihn in dieser Annahme bestätigen. In einer Zeit, in der die Beziehungen zwischen Ankara und Brüssel auf einem guten Weg seien, sei es deshalb »provokativ, einen solchen Bericht zu veröffentlichen«, so die Erpressungslyrik des türkischen Präsidenten. In der Logik der Bereitschaft zum Äußersten liegt es denn auch, wenn Erdogan von Zeit zu Zeit seine Berater mit dem dezenten Hinweis loslässt, er könne den Deal jederzeit platzen lassen. Im Hinblick auf eine Entscheidung zur Visafreiheit des Europäischen Parlaments schrieb Erdogans Berater Burhan Kuzu im Kurznachrichtendienst Twitter, das Europäische Parlament stehe vor einer wichtigen Entscheidung. »Wenn es die falsche

Entscheidung trifft, schicken wir die Flüchtlinge los«, so seine unmissverständliche Drohung.

Schon vor Abschluss des Flüchtlingsdeals im März 2016 hatte Erdogan beständig gedroht, um den Abschluss der Sache zu beschleunigen. So brüstete er sich damit, die Tore nach Europa komplett öffnen zu können. Eines Tages könne es sein, dass die Türkei »das Tor aufmacht und ihnen gute Reise wünscht … Was haben wir bisher gemacht? Wir haben die Flüchtlinge an den Grenzen aufgehalten und zurück in unsere Flüchtlingscamps gebracht.« Irgendwann könne die Türkei allerdings die Geduld verlieren. »Niemand soll glauben, dass unsere Flugzeuge und Busse umsonst da seien.« Angesichts einer derartigen Sprache, die sich wenig um grundlegende Regeln der Diplomatie schert, wirken die Reaktionen der Kanzlerin und ihrer Berater geradezu rührend. Immer wieder wurde beschwichtigt. Auf eine Erpressung, auf einen Schlag ins Gesicht antwortete man mit neuen Angeboten und wiegelte ab.

Und hier liegt das Grundproblem, das den EU-Türkei-Deal nicht nur zur Gefahr für die Menschenrechte der Flüchtlinge, sondern auch für die Grundrechte aller Unionsbürgerinnen und -bürger macht. Jeder neue Besuch Merkels, jede neue Geste im Hinblick auf den Abschluss oder das Halten des Paktes war für Erdogan Ermutigung. Zugleich konnte er so sein Image zu Hause massiv aufbessern. Jetzt war er es, der nicht nur die Visafreiheit für siebzig Millionen Türkinnen und Türken durchsetzen würde, sondern er war plötzlich der Macher auf der internationalen Bühne. Jahrelang war aus Sicht Ankaras die Türkei von der EU ungerecht behandelt worden. Jahrelang war ihr ungerechtfertigt der EU-Beitritt vorenthalten worden, doch jetzt verbeugten sich dieselben Akteure aus den europäischen Hauptstädten vor dem Prunksessel des Sultans. Und gerade nachdem sich die vom Ministerpräsidenten Davutoglu noch als Außenminister verfolgte Politik der angeblichen Problemfreiheit mit den

Nachbarstaaten der AKP-Türkei als eine Nur-Probleme-Politik entpuppt hatte, brauchte die Regierung Balsam für die geschundenen Seelen der beleidigten Nationalisten. Der Deal war die Chance für Erdogan, diesen Balsam aufzutragen. Und es war die Gelegenheit, die nationalistischen Stimmen für sich zu mobilisieren.

Bereits im Herbst 2015 war ihm die Kanzlerin zur Hilfe gekommen. Erdogan sollte ihre Flüchtlingslösung befördern. Dafür reiste sie – undiplomatisch bis hin zur indirekten Wahleinmischung – kurz vor den Parlamentswahlen in die Türkei und heiligte Erdogans Wahlpirouetten, mit denen er betrügerisch versuchte, die absolute Mehrheit nach der Wahlschlappe im Juni 2015 für sich zurückzuerobern. Es war dieser Moment, in dem das neue Duo infernale Merkel–Erdogan seine Geburtsstunde erlebte. Es war dieser Augenblick, in dem eine neue Achse Berlin–Ankara rund um die Flüchtlingsfrage geschmiedet wurde. Die Türkei wurde zum besten Verbündeten Deutschlands in Europa. Für diese Entente war man bereit, die Beziehungen zu anderen EU-Mitgliedstaaten aufs Spiel zu setzen.

Wo war eigentlich in diesen Stunden Frank-Walter Steinmeier, der deutsche Außenminister von der SPD? Steinmeier machte wie seine gesamte Partei schlicht alles mit, was die Kanzlerin und ihr Corsepius abschlossen. Während so auf der Brücke des Auswärtigen Amtes Freizeitkleidung Pflicht wurde, ballte man im Maschinenraum des Amtes die Fäuste in der Tasche ob der Willfährigkeit. Während die Führung buckelte, ging man unten aufrecht. Einer derjenigen, die aufrecht gingen, war der deutsche Botschafter in Ankara, Martin Erdmann, der sich 2016 fast jede Woche von den Türken einbestellen lassen musste, ohne dass in Berlin auch nur darüber geredet wurde.

Der Deal war Berlin im Übrigen so wichtig, dass man bewusst Paris brüskierte. Monate später konnte sich der Rechtsaußen und ehemalige französische Präsident Nicolas Sarkozy, stellvertretend für den düpierten François Hollande, beschweren: »Niemals hätte ich akzeptiert, dass Angela Merkel allein mit Recep Tayyip Erdogan verhandelt. Das war ein schreckliches Symbol für Europa.« Es wäre verfehlt, die neue Achse Berlin–Ankara mit der einstigen Sonderbeziehung des deutschen Kaiserreiches zum Osmanischen Reich gleichsetzen zu wollen. Und doch treten erschreckende historische Parallelen zutage.

Auf jeden Fall ließ der Deal die früheren Zeiten vergessen, in denen die Kanzlerin noch einen EU-Beitritt der Türkei rundheraus abgelehnt und stattdessen auf eine privilegierte Partnerschaft gesetzt hatte. Das innenpolitische Kalkül war, dass der Erfolg bei der Flüchtlingsabwehr, der aus Sicht Merkels nur mit Erdogan zu bewerkstelligen war, das Missbehagen angesichts der unkonditionierten Visafreiheit und über beschleunigte Beitrittsverhandlungen trotz massiver Rückschritte der Türkei in puncto Rechtsstaatlichkeit, Demokratie und Menschenrechte schon aufwiegen würde. Damit aber sind sich Merkel und Erdogan in gewisser Weise ähnlich geworden. Beide sind Hasardeure des eigenen Machterhalts. Gerade dies war die ideale Voraussetzung, einen Pakt zum gegenseitigen Vorteil schließen zu wollen. Koste es, was es wolle.

Selbst nach dem Putschversuch und Erdogans Gegenputsch hält die Bundesregierung eisern an ihrem Fahrplan fest, der den Flüchtlingsdeal eng mit der Visafreiheit koppelt. Während die österreichische Regierung vor dem Hintergrund der massiven Menschenrechtsverletzungen in der Türkei die Beitrittsverhandlungen abbrechen will, demonstriert das Bundeskanzleramt weiterhin Nibelungentreue.

2 Schauprozesse

Can Dündar ist mit Leib und Seele Journalist, und bis August 2016 war er Chefredakteur der Zeitung *Cumhuriyet*. Auf Deutsch heißt das *Die Republik* – und dieser Name ist Programm. Demokrat durch und durch, war es nur eine Frage der Zeit, wann er mit der Politik der islamistischen AKP in Konflikt geraten musste. In meinem politischen Leben habe ich nur wenige Menschen kennengelernt, die derart unerschrocken und unbeugsam ihre Überzeugungen verteidigen und für ihre Überzeugungen einstehen. Ich bin stolz, in Dündar einen Freund gefunden zu haben, der auch bei unterschiedlichen Ansichten fähig ist, einen Dialog zu führen, der die eigene Weltsicht bereichert.

Dündar lebt, was er schreibt, und schreibt, was er lebt. Aufklärung ist ihm Leben und Verpflichtung. Ich übertreibe nicht, wenn ich feststelle, dass gerade er es ist, der als Einzelner die bisher größte Herausforderung für den wachsenden Machtanspruch Erdogans darstellt. Und dies wegen eines einzigen Berichts über die Machenschaften der Gewährsmänner des türkischen Staatschefs.

Lange hatte man Dündar in Europa regelrecht übersehen. Nun reiht sich ein Journalistenpreis an den anderen. Doch während Dündar im Sommer 2016 international mit Preisen überschüttet wird, geht die Justizkampagne gegen seine Zeitung in der Türkei munter weiter. Ein Prozess folgt auf den anderen. Verleumdungsklagen türkischer Regierungsstellen gehören mittlerweile zum Alltag der Zeitung. Ziel ist es, *Cumhuriyet* zu zerschlagen oder sie wie andere Oppositionsblätter von den türkischen Behörden übernehmen zu lassen. An Can Dündar sind die Schmutz- und Drohkampagnen der letzten Monate nicht spurlos vorübergegangen. Im Sommer hat er sich erst einmal eine Auszeit genommen und lässt seine Arbeit in der Zeitung ruhen. Dabei ist er nicht der Einzige, der zum Ziel auf die Person gerichteter Zersetzungskampagnen des Erdogan-Regimes wurde.

Bei den Preisverleihungen an Dündar in Europa wird oft der Eindruck erweckt, es ginge allein um die Pressefreiheit. Dündar aber geht es um etwas ganz anders. Dündar geht es um den Kampf für eine andere Türkei, für den er Unterstützung im Ausland sucht. Auch deshalb fordert er von den Europäern, die Beziehungen zur Türkei nicht abzubrechen, aber endlich Druck zu machen, da sonst jegliche Inseln einer wehrhaften anderen Türkei unterzugehen drohen. So ist denn der Anfang des Aufstiegs Dündars zur öffentlichen Symbolfigur einer anderen Türkei bezeichnend. Seit Beginn des syrischen Bürgerkrieges hatte die AKP mit Waffenlieferungen an islamistische Terrorgruppen wie der Al-Nusra-Front und der salafistischen Terrormiliz Ahrar al-Scham auf einen Sturz des Assad-Regimes hingearbeitet. Zugleich lief der gesamte Nachschub für den IS über die Türkei. Auf die Unterstützung von Islamisten hatte Erdogan seine neue Außenpolitik aufgebaut. Mit dem »Arabischen Frühling« sah er seine Zeit gekommen, an der Seite von Saudi-Arabien und Katar befreundete islamistische Gruppen in Nordafrika und im Nahen Osten an die Macht zu bringen. Von den USA wie auch von Deutschland wurde diese Strategie anfangs freundlich begleitet. Obwohl dem deutschen Auslandsgeheimdienst BND beispielsweise bekannt war, dass Erdogan Waffen an islamistische Terrorbanden wie Ahrar al-Scham lieferte, sah die Bundesregierung keinen Anlass, die Rüstungsexporte an Ankara einzuschränken. Erdogan selbst ließ islamistische Terrorgruppen aber auch in der Türkei gewähren, wo sie ein eigenes Netz mit Rekrutierungsbüros und eigener Infrastruktur aufbauten. Erdogan übernahm somit die Schmutzarbeit der NATO im syrischen Bürgerkrieg.

Eben dies deckten die Kollegen von *Cumhuriyet* auf. Im Mai 2015 enthüllte die Zeitung eine illegale Waffenlieferung aus der Türkei an islamistische Terrorgruppen in Syrien. Videos und Fotos dokumentierten, wie Granaten, als angebliche Hilfslieferungen getarnt, auf Lastwagen durch das südtürkische Adana transportiert wurden. Durch eine Razzia lokaler Behörden war der staatsterroristische Deal aufgeflogen: Ausgerechnet unter Babynahrung war Erdogans Kriegsgerät für den Regime-Change-Krieg im Nachbarland versteckt.

Can Dündar und seine Kollege Erdem Gül, der ebenfalls bei der *Cumhuriyet* arbeitet, haben mit ihrer Veröffentlichung einen Nerv getroffen. Der türkische Geheimdienst MIT räumte ein, Auftraggeber des Transports zu sein. Ministerpräsident Ahmet Davutoglu wütete: »Was in dem Lastwagen war, geht niemanden etwas an.« Und sein Staatspräsident Erdogan tobte: »Die Operation gegen den Geheimdienst war ein Spionageakt. Die Person, die diese Exklusivnachricht veröffentlicht hat, wird dafür einen hohen Preis bezahlen. So einfach lasse ich ihn nicht davonkommen.«

Die Drohung Erdogans sollte sich auch auf Staatsbedienstete erstrecken. Der Oberstaatsanwalt von Adana und vier weitere an der Razzia beteiligte Staatsanwälte sowie zehn Gendarmerie-Angehörige sind vom Dienst suspendiert, inhaftiert und wegen Geheimnisverrat angeklagt worden. Über die »Affäre« wurde in der Türkei eine Nachrichtensperre verhängt, der Zugriff auf das *Cumhuriyet*-Video im Internet staatlicherseits blockiert.[1]

Die Veröffentlichungen über die Terrorbeihilfe haben die AKP-Propagandamaschine in puncto Syrien ins Herz getroffen.

Denn außenpolitisch war es für Erdogan angesichts der engen Allianz mit Washington und Berlin überaus wichtig, die Fiktion aufrechtzuerhalten, die Türkei halte sich aus dem Krieg in Syrien heraus und leiste allenfalls humanitäre Hilfe. In keinem Fall aber unterstütze das NATO-Mitgliedsland bewaffnete islamistische Gruppen wie den IS, den syrischen Al-Qaida-Ableger Al-Nusra-Front oder die mit ihr verbündete Ahrar-al-Scham-Terrormiliz mit Waffen. Wenn wirklich ruchbar geworden wäre, dass der eigene Partner ausgerechnet diejenigen unterstützt, gegen die man vorgab, in Syrien zu Felde zu ziehen, hätte die NATO die Notbremse ziehen müssen. So wurde Dündar für Erdogan zur regelrechten Gefahr. Obwohl nach außen beispielsweise die Bundesregierung – angesprochen auf das von Dündar veröffentlichte Material – keinerlei Anstalten zeigte, ihre guten militärischen Beziehungen zu Ankara auch nur auf den Prüfstand zu stellen.

Für Erdogan wurde Dündar gerade wegen der Gefahr, die Unterstützung des Westens zu verlieren, zur persönlichen Obsession. Die Anzeige wegen Hochverrats und Spionage gegen den Journalisten geht auf den Staatschef persönlich zurück. Und Erdogan sollte den Prozess in der Folge auch wie einen persönlichen Feldzug führen. Willige Staatsanwälte und Richter setzte der Staatschef dabei als Waffe ein. Sich selbst und den Geheimdienst MIT brachte er als Nebenkläger ins Spiel.

Am 25. März 2016 waren meine Fraktionskollegin Azize Tank und ich zur Beobachtung des Prozesses gegen die beiden Journalisten in Istanbul. Der Staatsanwalt, der auf Weisung des Justizministeriums neu eingesetzt worden war und offenbar dem AKP-Regime nahesteht, beantragte gleich zu Beginn den Ausschluss der Öffentlichkeit. Die Verteidigung hielt dagegen und bemängelte zudem, dass die Rechtsanwältin des türkischen Geheimdienstes MIT und die persönliche Anwältin von Erdogan auf der Klägerseite säßen, ohne dass es schon vom Gericht einen Entscheid bezüglich der Zulassung einer Nebenklage gegeben hätte. Eine solche sei ja auch ausgeschlossen, da weder der MIT noch der Staatspräsident unmittelbar geschädigt worden seien. Daraufhin beantragten beide Anwältinnen die Zulassung der Nebenklage.

Nach zwei Stunden Verhandlung und einer halbstündigen Beratungspause verkündete das Gericht – die zwei beisitzenden Richter waren erst kurz vor dem Prozess zu Richtern berufen worden, und es hieß, mindestens einer sei als Anwalt der AKP in Balikesir bekannt – als Erstes, Erdogan und den Geheimdienst als Nebenkläger im Verfahren zuzulassen. Im Anschluss an die Zulassung der Nebenklage wurde die demokratische Öffentlichkeit vom weiteren Prozessverlauf ausgeschlossen. Wir mussten als Prozessbeobachter mit Dutzenden anderen Journalisten, Abgeordneten, Freunden und Vertretern der Zivilgesellschaft den Gerichtssaal verlassen.

Es bleibt aber eine Tatsache, dass, trotz dieser Willfährigkeit gegenüber Erdogan, die verbliebenen unabhängigen Kräfte in der türkischen Justiz, die an einem Minimum an Rechtsstaatlichkeit festhalten wollten, anhaltenden Widerstand leisteten. So setzte das Verfassungsgericht den Haftbefehl gegen Dündar aus, so dass dieser zum großen Ärger Erdogans im Februar 2016 nach drei Monaten aus der Untersuchungshaft entlassen werden musste. Erdogan wiederum erklärte öffentlich, dass er das Urteil der höchsten Richter seines Landes nicht anerkenne, und bereitete hinter den Kulissen eine noch radikalere Säuberung der Justizorgane vor. »Ich sage es ganz klar: Ich respektiere diese Entscheidung nicht«, kommentierte der Staatschef die Aussetzung des Haftbefehls seinerzeit.

Im Juni 2016 erreichte den Europaausschuss des Deutschen Bundestages und viele andere Mandatsträger in der EU ein geradezu flehentliches Ersuchen von Murat Durmaz von der Vereinigung der türkischen Richter und Staatsanwälte. Durmaz berichtet detailliert von der »Eroberung der letzten Bastion der türkischen Judikative« und insbesondere der Säuberung der Obersten Gerichte in der Türkei: »Nachdem fast 9 000 Richter (von ca. 15 000) innerhalb von weniger als zwanzig Monaten versetzt und Tausende der Regierung gegenüber loyale Richter und Staatsanwälte in hohe richterliche Ämter gebracht worden sind, reduziert die Regierung nun unter dem Deckmantel einer ›Justizreform‹ bzw. der ›Umorganisation der Justiz‹ und mit dem angeblichen Ziel, eine ›Mitgliedschaft in parallelen Strukturen‹ zu unterbinden, die Zahl der Mitglieder der obersten Gerichte um die Hälfte.« Und tatsächlich legte die Regierungspartei AKP dem Parlament einen Gesetzentwurf zur Änderung der Strukturen der obersten Gerichte, des Staatsrates und des Kassationshofs vor, der Ende Juni verabschiedet wurde.

Das neue Gesetz verringert die Zahl der Richter am Kassationshof von 516 auf 200 und im Staatsrat von 195 auf 90. Die Amtszeit der bisherigen Richter an den obersten Gerichten endete mit Inkrafttreten des Gesetzes. Direkt im Anschluss nahm der Hohe Rat der Richter und Staatsanwälte, der der direkten Kontrolle der AKP-Regierung untersteht, innerhalb von nur fünf Tagen die Neuernennungen vor.

Einige Mitglieder des Staatsrates werden nun direkt von Präsident Erdogan ernannt. Richter, deren Amtszeit beendet wird und die nicht erneut als Richter an den obersten Gerichten ernannt werden, werden als einfache Richter an Gerichte niedrigerer Instanz versetzt. Die Amtszeit der Richter an obersten Gerichten wird auf zwölf Jahre begrenzt.

Im krassen Gegensatz zu dieser Maßnahme hatte dieselbe Regierung 2011 und 2014 die Zahl der Mitglieder der obersten Gerichte unter dem Vorwand der großen Arbeitsbelastung verdoppelt. »Nun wird mit dem Ziel, sich aller Regimekritiker zu entledigen, die Zahl der Richter an obersten Gerichten so stark reduziert, dass man nur noch von einem ›zivilen Staatsstreich‹

sprechen kann«, urteilt Durmaz. »Nachdem die Wächter der Demokratie entfernt sind, wird das Volk weniger geschützt vor diktatorischen Akten und Handlungen der Regierung sein.«

Mit Inkrafttreten dieses Gesetzes hatte Erdogan die vollständige Kontrolle über die Gerichte aller Instanzen weitgehend abgeschlossen, noch bevor er nach dem Putschversuch zu noch weitreichenderen Säuberungen in der Justiz ansetzte. Die Instrumentalisierung der Justiz durch Erdogan wurde bereits hier auf den Weg gebracht und die Judikative der Regierung als Werkzeug unterstellt, um jegliche Art von Opposition mehr denn je zum Schweigen zu bringen und verfolgen zu lassen. Die Aufhebung der Haftbefehle gegen Can Dündar und seinen Kollegen Erdem Gül durch das Verfassungsgericht war der direkte Anlass für diese drastische Maßnahme.

Der Hilfeschrei der unabhängigen türkischen Richter und Staatsanwälte verhallte in Europa ungehört. Die EU-Kommission eröffnete, unterstützt von der Bundesregierung, ein neues Beitrittskapitel, als wäre diese völlige Unterstellung der türkischen Justiz unter die Anforderungen der Regierungspartei AKP ein demokratischer Fortschritt, der eine solche Beschleunigung der Beitrittsverhandlungen rechtfertigen würde.

Die Reste unabhängiger Justiz beseitigte Erdogan dann im Rahmen des Ausnahmezustands. Weitere 3 000 Richter und Staatsanwälte wurden suspendiert, entlassen und verhaftet, weil sie angeblich den Putschversuch vom 15. Juli 2016 unterstützt haben sollen. Bei diesen Richtern und Staatsanwälten ließ Erdogan sogar das Vermögen beschlagnahmen. Der Deutsche Richterbund wandte sich mit einem offenen Brief an die Bundeskanzlerin und stellte fest: »Die türkische Staatsführung missbraucht offensichtlich den Mitte Juli gescheiterten Putschversuch, um systematisch Richter und Staatsanwälte aus der Justiz des Landes zu entfernen, die bisher trotz politischen Drucks die Aufgaben einer unabhängigen dritten Staatsgewalt erfüllt haben.« Und er forderte Merkel zum Handeln auf: »Angesichts des eklatanten Verstoßes der Türkei gegen fundamentale europäische Werte appellieren wir an Sie, die türkische Staatsführung mit allen Ihnen zu Gebote stehenden politischen Mitteln zu einer Umkehr zu bewegen und auf den Weg des Rechtsstaates zurückzuführen.« Merkel aber blieb stumm. Die Kanzlerin brachte allein ihre Sorge zum Ausdruck, dass in der Türkei »doch sehr hart vorgegangen wird« und das Prinzip der Verhältnismäßigkeit nicht immer beachtet werde. Wichtig sei jetzt aber, im Gespräch zu bleiben. Mit dem türkischen Staatspräsidenten habe sie immer einen »ehrlichen Austausch«. Dies schließe mit ein, »dass man nicht immer einer Meinung ist«.

Die Maßnahmen Ankaras dokumentieren den kompletten Umbau der türkischen Justiz und den Weg Erdogans in eine Diktatur, in der von einer auch nur angedeuteten Gewaltenteilung keine Rede mehr sein kann. Doch diese Entwicklung hat nicht etwa im Sommer 2016 angefangen. Man muss einige Jahre zurückblicken, um zu verstehen, wie es so weit kommen konnte. Dabei ist die Rolle der EU und der Bundesregierung nicht unerheblich.

Man muss sich angesichts dieses Schlussakkords für eine unabhängige türkische Justiz schon fragen, wie es Erdogan eigentlich gelungen ist, einen derartigen Einfluss auf die Justiz zu gewinnen. Dazu muss man ins Jahr 2010 zurückgehen. Getarnt als eine der von der EU verlangten Demokratisierungsmaßnahmen ließ Erdogan – damals noch Ministerpräsident – die Bevölkerung über ein ganzes Bündel an Verfassungsreformen abstimmen. Teil dieses Pakets waren Rechtsänderungen, die der Exekutive einen stärkeren Einfluss auf die Justiz garantierten. Es gelte, die alten kemalistischen Eliten zu entmachten, hieß es zur Begründung damals. Dies war nicht ungeschickt eingefädelt, denn die Mehrheit beim Verfassungsreferendum kam auch dadurch zustande, dass die (mittlerweile so nicht mehr existierende) prokurdische Partei BDP zur Stimmenthaltung aufgerufen hatte, weil sie nicht zusammen mit der kemalistischen Opposition CHP und der ultranationalistischen MHP in einer Ablehnungsfront stehen wollte. So gab es lediglich in den Provinzen am Mittelmeer und in der alevitisch geprägten ostanatolischen Provinz Dersim eine Mehrheit für eine Ablehnung des Erdogan-Projekts. Erdogans Rechnung ging auf. In einer massiv aufgeheizten Stimmung war es ihm abermals gelungen, seine Gegner gegeneinander auszuspielen.

Davon durfte ich mich auch ganz persönlich überzeugen. Als ich in einem Zeitungskommentar die Strategie der Enthaltung bei der Abstimmung in Frage stellte, wurde ich prompt von einem türkischen Linken in Deutschland wüst als türkische Nationalistin beschimpft, die lediglich das Spiel der Kemalisten spiele.

2010 aber wurde so zum Schicksalsjahr für den direkten Zugriff der AKP auf die türkische Justiz. Die EU-Kommission jubelte. Sie sah die Türkei auf dem Weg der Demokratisierung. In ihren Fortschrittsberichten wurden die Ergebnisse des Referendums überaus positiv gewürdigt. Das Europäische Parlament mit seiner de facto ganz großen Koalition aus Konservativen, Sozialdemokraten und Liberalen sprang der Brüsseler Behörde wie so oft zur Seite und jubelte in seinen Entschließungen tatkräftig mit. Die Bundesregierung sekundierte. So begrüßte der damalige Bundesaußenminister Guido Westerwelle die Abstimmung über die Verfassungsreform ausdrücklich als »Zeichen, dass die Türkei fest entschlossen ist, auch den Reformprozess nach innen fortzusetzen«. Niemand solle »ein so wichtiges Land, das sich augenscheinlich modernisiert, vor den Kopf stoßen«, warnte der FDP-Mann.

Wer sich diese Entwicklung der türkischen Justiz genau anschaut, wird nicht verwundert sein, dass das Istanbuler Gericht am 6. Mai 2016 gegen Can Dündar fünf Jahre und zehn Monate

Haft verhängte und fünf Jahre gegen seinen mitangeklagten Kollegen Erdem Gül. Der Prozess gegen die beiden kam einem Schauprozess gleich. Nicht nur, dass, wie erwähnt, die Öffentlichkeit ausgeschlossen und Erdogan als Nebenkläger zugelassen wurde. Auch alle Versuche, Dündar und Gül rechtsstaatlich zu verteidigen, wurden vom Gericht blockiert. Wer einmal die Atmosphäre des extra für derlei Prozesse geschaffenen größten Gerichtsgebäudes Europas geschnuppert hat, weiß, dass jede Art von Gerechtigkeit, ja das Recht selbst hier keine Chance hat. Hier wurde ein Gebäude für eine Aburteilungsmaschinerie erbaut. Gemeinsam mit dem deutschen Botschafter Martin Erdmann und zahlreichen Vertretern des diplomatischen Korps hatte ich versucht, dem Prozess beizuwohnen und als Beobachterin zu berichten. Mit dem Hinweis auf den Ausschluss jeder Öffentlichkeit wurde uns allen die Teilnahme verwehrt. Erdmann musste sich deswegen ins Außenministerium in Ankara einbestellen lassen. Die türkischen Offiziellen lasen ihm die Leviten, was er sich erlaube, diesen Prozess besuchen zu wollen. Und Erdogan persönlich hetzte in aller Öffentlichkeit gegen die Diplomaten. »Wer sind Sie? Was haben Sie dort zu suchen? Dies ist nicht Ihr Land, dies ist die Türkei«, wütete der Staatschef in einer Rede.

Was Dündar während der gesamten Zeit des Prozesses sehr umtrieb, war die Tatsache, dass sich die deutsche Bundeskanzlerin trotz ihrer zahlreichen Besuche in der Türkei und trotz expliziter Bitten des Chefredakteurs jedem Treffen verweigerte. Vor ihrem Besuch im Mai 2016 bat Dündar per *Bild*-Zeitung: »Frau Merkel, treffen Sie sich auch mit uns.« Im *Spiegel* hatte er zuvor der deutschen Regierungschefin vorgehalten, zu den Menschenrechtsverletzungen zu schweigen. »In der Türkei herrscht ein Kampf zwischen Demokraten und Autokraten«, schrieb Dündar in einem offenen Brief an Merkel. »In dieser historischen Schlacht stehen Sie und Ihr Land leider auf der falschen Seite.«

Im Juni 2016 kam Dündar auf Einladung der Nichtregierungsorganisation Reporter ohne Grenzen zu politischen Gesprächen nach Berlin. Er traf Bundesaußenminister Frank-Walter Steinmeier, wurde von Bundestagspräsident Norbert Lammert im Reichstag empfangen, Abgeordnete aller Fraktionen des Deutschen Bundestages versicherten ihm ihre Solidarität und Unterstützung. Merkel selbst blieb auf Distanz. Zu wichtig war ihr der EU-Türkei-Deal, als dass sie den durch ein Treffen mit dem Verfemten hätte riskieren wollen. Dündar erklärte trotzig, Erdogan sei nicht die Türkei und Merkel nicht Europa.

Mit dem Prozess gegen Can Dündar und Erdem Gül ist die Vereinnahmung und Instrumentalisierung der türkischen Justiz an ihr vorläufiges Ende gelangt. Schauprozesse gegen Oppositionelle sind von nun an die Regel. Auch die höheren Instanzen wurden gesäubert, was wichtig ist für Berufungsverhandlungen und die Überprüfungen von Untersuchungshaft.

Preisverleihungen bedeuten sicherlich einen gewissen Schutz für Can Dündar, aber gerade er ist sich darüber im Klaren, dass das Ausbleiben von Druck, ja die fortgesetzte Unterstützung der türkischen Regierung durch die Europäer die Verwandlung der Türkei in ein Gefängnis für Andersdenkende nur weiter befördern und festigen wird. Die türkische Justiz ist zu einer scharfen Waffe der Islamisten vor Ort geworden. EU und Bundesregierung haben diesen Prozess mit befördert. Sie wollen nach außen weiter an der Illusion festhalten, Erdogan würde allein als willfähriges Instrument in ihrem Sinne fungieren, etwa um ihre geopolitischen Interessen in der Region zu befördern. Vieles deutet darauf hin, dass sie die Rechnung ohne den Wirt in Ankara gemacht haben.

3 Botschaften und Botschafter

Keiner wird bestreiten, dass die türkische Diplomatie einen sehr eigenen Stil hat. Ihre Eigenart ist die häufige Verwendung der Sprache der Erpressung und der Sprache der Drohung. Dabei ist sie zunächst einmal eines – nämlich undiplomatisch. Interessen werden nicht durch die Kunst der Überredung, des Zuhörens oder gar des Interessenausgleichs vertreten, sondern direkt oder, wenn man so will, mit der Brechstange. Kurz: Erdogans Diplomatie spricht die Sprache der Mafia, was die deutsche Diplomatie nicht richtig versteht oder nicht wahrhaben will. Wenn dann die Bundesregierung auf die Anwürfe aus Ankara konziliant reagiert, wird das wiederum als Schwäche interpretiert und ist für Erdogan bloß eine Ermutigung, seine Politik, seine Interessen und seinen Stil noch kompromissloser zu verfolgen. Deshalb war das Verhalten der deutschen Bundesregierung geradezu vitalisierend für Erdogans Krawallattitüden. Allein das Fernbleiben der Spitzen der Regierung – von der Bundeskanzlerin über den Außenminister bis zum Vizekanzler – bei der Abstimmung im Deutschen Bundestag zur Anerkennung des Völkermords an den Armeniern am 2. Juni 2016 verstand Erdogan als Zeichen, aufs Ganze zu gehen, türkeistämmige Bundestabgeordnete zu bedrohen, die Angelegenheit eben nicht auf sich beruhen, sondern die Muskeln spielen zu lassen. So konnte er daheim den starken Mann spielen, obwohl er international als Leichtgewicht und regelrechtes Würstchen gilt.

Und so ist es auch zu erklären, dass Erdogan in diesem Sommer ein Besuchsverbot für deutsche Bundestagsabgeordnete auf dem türkischen Luftwaffenstützpunkt Incirlik ausgesprochen hat. Wie ein Pate bot er Anfang Juli auf dem NATO-Gipfel in Warschau Kanzlerin Merkel an, das Verbot wieder aufzuheben, sollte sie sich von der Resolution zum Armenier-Genozid distanzieren. Statt das Gespräch sofort nach dieser Erpressung abzubrechen, flüchtete sich die deutsche Regierungschefin in unverbindliche Erklärungen. Damit signalisierte sie dem türkischen Präsidenten erneut, dass seine Art, mit den Dingen umzugehen, genau die richtige ist. Und Erdogan konnte seinem heimischen Publikum die eigene Stärke demonstrieren. Dass er Deutschland, den bedeutendsten europäischen NATO-Partner, unverhohlen gedemütigt hatte, war Balsam für die geschundene Seele türkischer Nationalisten und Islamisten. Zugleich stimmte die Bundeskanzlerin exakt bei diesem NATO-Gipfel einer Entsendung von AWACS-Aufklärungsflugzeugen in die Türkei zu, bei denen die Bundeswehr ein Drittel der Mannschaften stellt. Bevor Merkel auch bei der Völkermord-Resolution des Deutschen Bundestages auf Erdogan zuging und damit Besuche für deutsche Bundestagsabgeordnete wieder ermöglichte, waren hier für die Bundesregierung gesichtswahrende Stationierungsorte für die AWACS-Flugzeuge in Italien und Griechenland in der Diskussion. Für Erdogan jedenfalls ist der zusätzliche AWACS-Einsatz genauso wichtig. Denn die konkrete NATO-Zusammenarbeit mit der Türkei funktioniert sogar besser als in der Vergangenheit.

Erpressung und Demütigung des politischen Partners bleiben also folgenlos im Hinblick auf die wichtige Rüstungs- und Finanzhilfe der NATO-Staaten, allen voran aus Deutschland und den USA. In diesem Zusammenhang ist es völlig bedeutungslos, wenn Bundestagspräsident Norbert Lammert von der CDU einen Abzug der Bundeswehr aus der Türkei zur Diskussion stellt oder der CSU-Abgeordnete Reiner Meier aus Protest gegen das Vorgehen Ankaras die deutsch-türkische Parlamentariergruppe verlässt. Was zählt, ist nur, dass die Kanzlerin und ihre Wasserträgerin, Verteidigungsministerin Ursula von der Leyen, dem Despoten am Bosporus die Stange halten. Gerade hilflos wirkt es, wenn der Verteidigungsausschuss eine neue Abgeordnetenreise ankündigt, wo noch die Versagung an Staatssekretär Ralf Brauksiepe und die Mitglieder des Bundestages des für Mitte Juli anberaumten Besuches frisch in Erinnerung ist. Erdogan spielt mit ihnen Katz und Maus. Die deutsche Kanzlerin lässt wohl aus geopolitischen Erwägungen jede Demütigung unkommentiert.

Zu den Demütigungen auf diplomatischem Parkett zählt auch das permanente Einbestellen des deutschen Botschafters oder des deutschen Geschäftsträgers durch Ankara. Sicher gehört es nach dem Wiener Übereinkommen über diplomatische Beziehungen zu den vertraglich vereinbarten Sanktionsmöglichkeiten, einen ausländischen Botschafter zu einem Gespräch ins Außenministerium einzuladen oder ihn gar formell einzubestellen und ihm eine Protestnote zu überreichen. Allein, diese Art des diplomatischen Verkehrs zwischen befreundeten Staaten oder gar Staaten, die demselben Militärpakt angehören wie in diesem Fall der NATO, ist absolut unüblich. Was international aber absolut unüblich ist, machte seit Anfang 2016 die Regierung in Ankara für die deutsch-türkischen Beziehungen zur Regel. Kaum eine Woche verging, ohne dass der deutsche Botschafter Martin Erdmann oder sein Stellvertreter ins türkische Außenministerium vorgeladen oder einbestellt worden wären.

Etwa nach der Ausstrahlung eines rund zweiminütigen Videos mit dem Titel *Erdowie, Erdowo, Erdogan* in der NDR-Sendung *Extra 3* am 17. März. Erdmann wurde ins Außenamt in Ankara zitiert. Die türkische Seite verlangte allen Ernstes, dass die Fernsehsatire, die sich über ihren Staatschef lustig macht und ihm neben der Einschränkung der Pressefreiheit auch die Niederschlagung des Kurdenaufstands, Großmannssucht und ein hartes Vorgehen gegen Frauen vorhält, nicht mehr verbreitet wird. Erfolglos. Botschafter Erdmann hatte zum Zwecke der Illustration eine Miniaturausgabe des Grundgesetzes dabei und verteidigte im türkischen Außenministerium die Presse- und Meinungsfreiheit in Deutschland als »nicht verhandelbar«. Es gebe »weder eine Notwendigkeit noch die Möglichkeit für ein Handeln der Bundesregierung«.

Ausgerechnet in der regierungskritischen Zeitung *Cumhuriyet* ließ sich Berlins Spitzendiplomat schließlich kurz darauf zum Fall Böhmermann aus. In aller Vorsicht wies er auf die »kulturellen Unterschiede« zwischen beiden Ländern hin. Für manche sei Jan Böhmermanns Gedicht *Schmähkritik* schlechterdings nicht hinnehmbar, andere hätten eben eine andere Meinung. Da half dann auch nicht die Anmerkung, er persönlich bedaure es, dass dieses Gedicht ausgestrahlt worden sei.

Das Medium zur neuerlichen Verteidigung der Presse- und Meinungsfreiheit war wohlgewählt. Botschafter Erdmann war schließlich auch deshalb persönlich von Ankara nach Istanbul angereist, um dem Prozessauftakt gegen *Cumhuriyet*-Chefredakteur Can Dündar und dessen Kollegen Erdem Gül beizuwohnen. Der britische Generalkonsul postete über den Onlinedienst Twitter am 25. März gleich mehrere Fotos, darunter ein Selfie mit Dündar. Präsident Erdogan tobte ob der internationalen Aufmerksamkeit. »Das ist nicht Ihr Land, dies ist die Türkei«, ließ sich der Staatschef in einer Rede aus. Und wieder wurde Erdmann wegen seiner Prozessbeobachtung ins Außenministerium einbestellt.

Nachdem alle Fraktionen des Deutschen Bundestages am 2. Juni nahezu geschlossen für eine Resolution gestimmt hatten, in der die Vertreibung und Ermordung von 1,5 Millionen Armeniern sowie Aramäern und Angehörigen weiterer christlicher Minderheiten vor rund hundert Jahren im Osmanischen Reich als Völkermord bezeichnet wird, wurde Erdmann einmal mehr einbestellt, um eine Protestnote Ankaras in Empfang zu nehmen. Die türkische Regierung leugnet bekanntlich bis heute den Genozid.

Als ich in jenen Tagen die Türkei besuchte, sah ich mich einem konsternierten Botschaftspersonal gegenüber, das sich mit Witzen – der Botschafter habe zumindest engen Kontakt zum türkischen Außenministerium – über den Ernst der Lage hinwegzuhelfen versuchte. Die Einbestellung des deutschen Botschafters gehörte jedenfalls zum guten Ton der beiderseitigen Beziehungen. Mit einem Unterschied: Während der deutsche Botschafter in Ankara auf der Strafbank saß, wurde Hüseyin Avni Karslioglu, sein türkischer Amtskollege in Berlin, in Deutschland durch die Talkshows gereicht.

So wurde das Botschaftsgebäude in Ankara, 1927 gebaut im Stil eines preußischen Landhauses nach den Plänen von Rudolf Nadolny, dem ersten deutschen Botschafter in der türkischen Republik, wider Willen zu einem Stein des permanenten Anstoßes für Erdogan und die Seinen. Ihre Mitarbeiter werden wie Angehörige einer feindlichen Macht behandelt, und Martin Erdmann dürfte sich fast fühlen wie in babylonischer Gefangenschaft. Der Posten in Ankara gilt mittlerweile als absolute Strafversetzung. Alle Versuche, Erdmann in die NATO nach Brüssel als stellvertreten Generalsekretär wegzuloben, scheiterten, dem Vernehmen nach auch am Widerstand der Türken. Gerade seine versuchte Prozessbeobachtung bei Can Dündar nahm der türkische Staatspräsident als persönliche Beleidigung wahr. Deshalb sollte wohl auch diese Chance, Ankara zu verlassen, vereitelt werden.

Erdmann ist in Ankara völlig kaltgestellt. Seit der Armenien-Resolution des Bundestages bekommt er keinen Termin mehr im türkischen Außenministerium. Anfragen der deutschen Botschaft werden nicht mehr beantwortet. Lediglich auf unterer Ebene erhalten deutsche Diplomaten noch Zugang ins türkische Außenministerium. Gesprächsanfragen müssen allerdings jeweils vom türkischen Außenminister persönlich genehmigt werden. Damit wird ein diplomatischer Geschäftsverkehr von Seiten Ankaras etabliert, der selbst in den Zeiten des Kalten Krieges seinesgleichen suchte. Deutschland wird diplomatisch wie ein Feindstaat behandelt. Erdmann darf zwar im Land bleiben, aber unter faktischem Verlust seiner diplomatischen Vertretungsfunktion.

Aber auch in die andere Richtung verfährt Ankara ähnlich. Nach der Bundestagsresolution zum Armenier-Genozid zog die Türkei ihren Botschafter vorübergehend aus Berlin ab. Auch das ist eine diplomatische Sanktionsmöglichkeit, wenngleich zwischen befreundeten Staaten völlig unüblich. In der deutschen Medienlandschaft genießt der türkische Botschafter Hüseyin Avni Karslioglu nur allzu oft den Ruf eines Bohemiens und Nonkonformisten dank seiner Leidenschaft für Oldtimer und seiner langen weißen Haare. Dabei wird gerne übersehen, dass er ein knallharter Vertreter der AKP-Politik ist. 2008 war Karslioglu Kabinettschef des damaligen Staatspräsidenten Abdullah Gül. Er ist mehr als staatsnah und ein treuer Verteidiger der Politik Erdogans. Während die Generäle nach dem Militärputsch 1980 mit 650 000 politischen Festnahmen, 7 000 beantragten, 571 verhängten und fünfzig vollstreckten Todesurteilen sowie dem nachgewiesenen Tod durch Folter in 171 Fällen mit Hilfe des Westens eine grausame Diktatur errichteten, wurde Karslioglu 1982 in den türkischen Staatsdienst aufgenommen.

Die Botschaft der Türkei in Berlin wurde 2012 vom damaligen Ministerpräsidenten Erdogan an dem Standort im Tiergartenviertel wiedereröffnet, an dem sich der Vorgängerbau bereits von 1918 bis 1945 befunden hatte. Die zwei Gebäudeflügel sind durch architektonische Brücken über das Atrium miteinander verbunden, was die Türkei als Brücke über den Bosporus zwischen Orient und Okzident symbolisch behaupten soll. Wer heute an der Botschaft – »Eine feste Burg für Erdogan«, schlagzeilte die *Welt* am 31. Oktober 2012 anlässlich der Eröffnung – vorbeikommt, hat aber den Eindruck, als sei hier ein Graben aufgerissen worden, der trennen und nicht zusammenführen soll. Heute wird der Riss sichtbar, der für den Kulturkampf steht, der in der Türkei von Seiten der islamistischen AKP mit unerbittlicher Härte geführt wird und für den auch die deutsche Seite und ihre Reaktionen gerne mit in Dienst genommen werden.

Die Sprache der Außenpolitik Erdogans ist auch insofern von Interesse, als sie eine unmittelbare Entsprechung der Verfahrensweisen darstellt, die in der innenpolitischen Arena der Türkei gang und gäbe sind. So wie die Opposition im Inneren gedemütigt und zum Feind erklärt wird, so verfährt Erdogan mit Regierungen, die sich gegenüber seiner internationalen Machtpolitik als nicht willfährig genug erweisen. Dafür nutzt er Botschaften und Botschafter. Dafür setzt er auf Erpressung und Machtdemonstrationen. Carl Schmitt, der deutsche Staatsrechtler und spätere Kronjurist des Dritten Reiches, hatte einst formuliert: »Souverän ist, wer über den Ausnahmezustand entscheidet.« Das Feld des Politischen erschließe sich erst über die Unterscheidung zwischen Freund und Feind. Erdogan ist aber eben nicht nur im Inneren im Schmittschen Sinne Dezisionist. Auch nach außen sucht er die Unterscheidung in einer Feindpolitik, die sein politisches Denken und Handeln erst konstituiert. Er ist derjenige, der über den Ausnahmezustand entscheiden will: im Interesse eines islamistisch-völkischen gedachten Subjekts, das ihn zu seiner Gewaltpolitik nicht nur ermächtigt, sondern geradezu verpflichtet.

Die Sprache und die Methoden der organisierten Kriminalität sind im Gegenzug die natürlichen Ausdrucksmittel der Gewaltpolitik Erdogans. Dazu gehört auch der schnelle Bündniswechsel, wenn es denn der eigenen Sache dient. Die jüngsten Einigungen mit Israel und Russland sind in diesem Sinne zu lesen. Nach der Tötung von neun Aktivisten auf dem mit Hilfsgütern beladenen Schiff *Mavi Marmara* am 31. Mai 2010 vor der Küste Gazas durch israelische Soldaten erging ebenso eine Feinderklärung an die israelische Seite wie nach dem Abschuss eines russischen Kampfflugzeugs durch die Türkei am 24. November 2015 an Russland. Die Feinderklärungen sind rein instrumentell und nicht absolut zu verstehen. Ähnlich gestaltet Erdogan auch seinen Krieg gegen die Kurden im eigenen Land, nachdem er jahrelang mit der PKK verhandelt hatte.

Als absoluter Feind allerdings werden all diejenigen identifiziert, die sich Erdogans Islamisierung im Inneren nicht beugen wollen, dazu gehören Säkulare wie Aleviten. Nach außen hat sich die Türkei folgerichtig immer enger an Saudi-Arabien angelehnt, um einen internationalen Konfessionskrieg gegen alle als häretisch identifizierten Konfessionen innerhalb des Islam zu führen. Syrien ist, wie wir sehen werden, das Terrain dieses Krieges Erdogans gegen den absoluten Feind.

Im Zuge des syrischen Bürgerkrieges hat Erdogan auch die Sprache der islamistischen Terrorbanden übernommen, die er unterstützt. Eine der Organisationen, die das NATO-Mitglied Türkei am stärksten in Syrien unterstützt, war und ist die Ahrar al-Scham. Die Gruppierung ist für den Berliner Thinktank Stiftung Wissenschaft und Politik neben dem sogenannten Islamischen Staat (IS) »die größte aufständische Gruppierung« in Syrien mit »militant-salafistischer Orientierung«. Sie »qualifizierte« sich für die Unterstützung durch Ankara bereits 2013 durch ein Massaker an Hunderten syrischen Alawiten, über das die Menschenrechtsorganisation Human Rights Watch berichtet hatte. Erdogans Drohung an diesen inneren Feind ist der Bürgerkrieg. Diesen Bürgerkrieg ist er bereit, auch nach außen zu tragen. Auch wenn es für viele Ohren wirklichkeitsfremd klingen mag, ist doch der Bürgerkrieg genau das Programm auch für Erdogans internationale Politik. Damit droht er unverhohlen den Staaten in Europa mit einer großen türkeistämmigen Gemeinschaft mit der Entfachung von Konflikten. Das ist auch, wie wir sehen werden, der Kern der Mobilisierung der Auslandstürken im Anschluss an die Armenien-Resolution des Deutschen Bundestages.

Und gerade wer bei der Mobilisierung der Erdogan-Anhänger nicht spurt, wird wiederum von Ankara direkt diplomatisch sanktioniert. So bestellte die türkische Regierung, nachdem das Bundesverfassungsgericht eine Videoschalte des türkischen Staatspräsidenten zur Pro-Erdogan-Demonstration Ende Juli 2016 in Köln untersagt hatte, zum wiederholten Male den deutschen Vertreter ins türkische Außenministerium ein. Obwohl hier eine Entscheidung des Bundesverfassungsgerichts direkt angegriffen wurde, kuschte die Bundesregierung wieder einmal und ergriff keinerlei Initiative.

Dass es auch anders geht, zeigte die österreichische Regierung nach üblen Pöbelattacken Ankaras. Wieder einmal war die türkische Regierung nach dem Motto verfahren »Angriff ist die beste Verteidigung« und hatte die Forderung des sozialdemokratischen Kanzlers Österreichs Christian Kern nach einer Beendigung der EU-Beitrittsverhandlungen mit der Türkei angesichts der dortigen Massenverhaftungen mit der Attacke durch Außenminister Cavusoglu beantwortet, Österreich sei ein »Zentrum des radikalen Rassismus«. Sein österreichischer Amtskollege Sebastian Kurz duckte sich nicht weg, hielt dagegen und ließ den türkischen Botschafter in Wien einbestellen, um gegen die Äußerungen Cavusoglus »schärfstens« zu protestieren. Doch was man in Wien wagt, wird in Berlin von Union und SPD unter Führung der Kanzlerin unterbunden.

4 Der Fall Böhmermann und die Folgen

Eigentlich kam der Fall Böhmermann mit einem satirischen Lied ins Rollen, das mit ihm (noch) gar nichts zu tun hatte. Das NDR-Satiremagazin *Extra 3* veröffentlichte am 17. März 2016 anlässlich des Prozesses gegen die *Cumhuriyet*-Journalisten Can Dündar und Erdem Gül unter dem Titel *Erdowie, Erdowo, Erdogan* einen Song zur Pressefreiheit in der Türkei, dessen Liedzeilen den Präsidenten besonders erzürnten:

»Bei Pressefreiheit kriegt er'n Hals,
Drum braucht er viele Schals.
Ein Journalist, der was verfasst,
Das Erdogan nicht passt,
Ist morgen schon im Knast.
Redaktion wird dichtgemacht,
Er denkt nicht lange nach
Und fährt mit Tränengas und Wasserwerfern durch die Nacht.«

Keine zehn Tage nach der *Extra 3*-Sendung erfuhr ich im Umfeld des Prozesses gegen Can Dündar, an dem ich in Istanbul teilnahm, dass der deutsche Botschafter Martin Erdmann eben wegen dieses Satirevideos des NDR einbestellt worden war. Am 27. März wieder in Deutschland twitterte ich: »Dieses grandiose Video von @extra ärgerte #Erdogan so sehr, dass der dt. Botschafter in Ankara einbestellt wurde.« Der Stein kam ins Rollen.

Bislang hatte das Auswärtige Amt diese Einbestellung seltsamerweise nicht veröffentlicht – offenbar aus Rücksicht auf den türkischen Präsidenten und um kein schlechtes Licht auf den Zustand der deutsch-türkischen Beziehungen fallen zu lassen. Nun wurde klar, dass der deutsche Botschafter auf Betreiben Erdogans ins türkische Außenministerium zitiert worden war. Um ihr langes Schweigen über die Einbestellung zu übertünchen und die Sache herunterzuspielen, verstieg sich die Pressesprecherin des Auswärtigen Amtes zunächst zu der Aussage, Erdmann sei ins türkische Außenministerium eingeladen worden. Auf Nachfragen von Journalisten räumte sie – immer noch unzutreffend – ein, es habe sich um eine »schärfere Form der Terminvereinbarung« gehandelt.

Doch dies war erst der Anfang. Nachdem sich die türkische Seite empört über dieses satirische Gedicht gezeigt und die Bundesregierung in gewohnter Weise duckmäuserisch reagiert hatte, setzte der Satiriker Jan Böhmermann noch einen drauf. In seiner Late-Night-Show *Neo Magazin Royale* am 31. März 2016 thematisierte er die Grenzen von Satire und gab ein Gedicht über Erdogan zum Besten, das er mit *Schmähkritik* betitelte. Darin zog er in rabiater Weise voller sexueller Anspielungen und unter bewusster Verletzung aller Grenzen des diplomatischen Anstands über den türkischen Präsidenten her. Der explizite Anlass für diesen Sendebeitrag war ausdrücklich, dass Erdogan wegen der Ausstrahlung des *Extra 3*-Beitrags den deutschen Botschafter Martin Erdmann hatte einbestellen lassen und sogar die Löschung des Liedes eingefordert hatte.

Auch wenn man über die satirische Qualität der *Schmähkritik* getrost streiten kann, so ist das keine Rechtfertigung für all die Reaktionen, die hierzulande folgten. Bereits einen Tag nach der Ausstrahlung nahm das ZDF den Böhmermann-Beitrag aus seiner Mediathek. Am 6. April wurde bekannt, dass die Staatsanwaltschaft Mainz ein Verfahren gegen Böhmermann wegen

»Beleidigung von Organen und Vertretern ausländischer Staaten« nach Paragraf 103 des Strafgesetzbuchs eröffnet hatte. Am 11. April stellte Erdogan zusätzlich Strafantrag gegen den Satiriker wegen Beleidigung (Paragraf 185). Zuvor war bekannt geworden, dass die türkische Regierung die Bundesregierung in einer Verbalnote dazu aufforderte, Böhmermann strafrechtlich zu verfolgen.

Was nun folgte, darf als eine der dunkelsten Stunden der Bundesregierung in Sachen Zivilcourage bezeichnet werden. Die Reaktion der Bundesregierung im Fall Böhmermann ließ viele Beobachter erschaudern, weil nun sogar die Presse-, Meinungs- und Kunstfreiheit in Deutschland auf dem Altar geopolitischer Interessen geopfert wurden. Denn nach kurzer Überlegung erteilte die Bundesregierung die für die Einleitung eines Strafverfahrens nach Artikel 103 notwendige Ermächtigung. Zugleich wurde auf Initiative der Kanzlerin ein Gesetzesentwurf zur Abschaffung von Paragraf 103 im Jahr 2018 eingebracht. Der Paragraf sei »für die Zukunft entbehrlich«, so Merkel. Aber offenbar im Fall Böhmermann war er das für die Bundesregierung nicht. Den Höhepunkt der Kapitulation der Kanzlerin bildete ihre Vorverurteilung Böhmermanns in einem Telefongespräch mit dem türkischen Staatspräsidenten. Das Gedicht, so ließ die deutsche Regierungschefin Erdogan wissen, »sei bewusst verletzend« gewesen. Später bereute sie diesen Satz zwar öffentlich, blieb aber bei der Überzeugung, dass die Ermächtigung der Ermittlungen nach Paragraf 103 richtig gewesen sei.

Dabei hat dieser Paragraf eine lange antidemokratische Tradition in Deutschland. Er ist ein Relikt aus der Kaiserzeit und etabliert für ausländische Staatsoberhäupter oder Regierungsmitglieder, die sich in amtlicher Funktion in Deutschland aufhalten, ein Sonderrecht, um diese besser als andere Menschen vor Beleidigungen zu schützen. Hier gilt also die Ungleichheit vor dem Gesetz. Hätte Böhmermann lediglich ein Nicht-Staatsoberhaupt angeblich beleidigt, könnte gegen ihn nur auf Grundlage des Paragrafen 185 ermittelt werden. Dieser sieht aber ein niedrigeres Strafmaß vor, während beim Majestätsbeleidigungsparagrafen 103 bis zu drei Jahre Haft, im Fall einer »verleumderischen Beleidigung« sogar bis zu fünf Jahre drohen. Vorgeblich dient dieser Paragraf dazu, die gegenseitigen diplomatischen Beziehungen zu schützen, aber in Wirklichkeit zielt er immer darauf ab, Kritik an Bündnissen mit Autokraten und Diktatoren mundtot zu machen und somit die Vertretung eigener außenpolitischer Interessen durch die enge Zusammenarbeit mit Verbrechern und Potentaten ungestört über die Bühne gehen zu lassen.

Die Anwendung von Paragraf 103 in der bundesdeutschen Geschichte spricht denn auch Bände. In Anschlag kam er im Falle des mörderischen persischen Schahs Mohammad Reza Pahlavi 1967 oder auch im Falle des chilenischen Schlächters und Militärdiktators Augusto Pinochet. Gerade Potentaten wie der Schah, Pinochet und 2016 Erdogan, die in ihren Staaten Kritiker einschüchtern und bedrohen oder umbringen ließen und lassen, wollen sich über die Inanspruchnahme des Paragrafen auch im Ausland gegen Kritik absichern. Die Bundesregierung geht ihnen mit den jeweiligen Ermächtigungen noch zur Hand, um ihren Zensurwünschen stärkeren strafrechtlichen Nachdruck durch eine höhere Strafandrohung zu verleihen. Es ist schon bezeichnend, dass die Strafvorschrift seit 1871 nur in der kurzen Zeit von 1945 bis 1953 auf Betreiben der Alliierten ausgesetzt worden war. Konrad Adenauer und sein Außenminister Heinrich von Brentano wollten 1958 dann sogar noch weitergehen und legten einen Gesetzesentwurf vor, der einen noch besseren Schutz der Diktatorenbündnisse der frühen Bundesrepublik geboten hätte. Sie konnten sich damit aber nicht durchsetzen.

Gerade die gerichtlichen Entscheidungen im Fall Pinochet weisen darauf hin, in welcher unheilvollen Tradition Angela Merkel steht. Bei einer Demonstration 1975 gegen die Diktatur vor der chilenischen Botschaft in Bonn hielten die Protestierenden ein Transparent hoch, auf dem geschrieben stand: »Italien, Schweden, England, Niederlande – kein Geld für eine Mörderbande. Warum zahlt die BRD?« Das Transparent wurde von der Polizei beschlagnahmt, wogegen die Protestierenden klagten. Erfolglos, denn 1976 entschied das Verwaltungsgericht Köln, dass die Bezeichnung als »Mörderbande« unzweifelhaft »den objektiven Tatbestand des §103 StGB« erfüllen würde. Dieses Urteil wurde in der Folge von den nächsten Instanzen bestätigt. Das Interesse der Klägerin, ihre Auffassung über das Regime in Chile zu äußern, müsse hinter dem »öffentlichen Interesse an ungestörten diplomatischen Beziehungen« zurückstehen. In Folge des von der CIA unterstützten Putsches in Chile waren Tausende Menschen bereits im ersten Jahr der Diktatur ermordet wollen, darunter auch prominente Künstler wie der Sänger Victor Jara. Die Bundesregierung ließ sich davon nicht stören und lieferte Kriegswaffen wie etwa zwei U-Boote an die Pinochet-Diktatur und erklärte quasi zur Rechtfertigung des eigenen Verhaltens, es lägen ihr keine Informationen vor, dass einzelne Länder nach dem Putsch in Chile 1973 ein Waffenembargo gegen das Land verhängt hätten.

Mit ihrer rechtlich nicht zwingenden Entscheidung, die Strafverfolgung Böhmermanns zuzulassen, hat die Bundesregierung die Staatsräson nicht nur höher bewertet als die Kunstfreiheit, sondern auch als den Schutz von Menschenrechten und Demokratie. Sie bietet dem Despoten Erdogan die Gelegenheit, sich gegen Kritik aus dem Ausland besonders zu wehren und Kritiker nunmehr auch im Ausland strafrechtlich verfolgen zu lassen. Der Flüchtlingsdeal mit Erdogan, auf den Angela Merkel ihre gesamte Abschottungspolitik aufgebaut hat, soll halten, koste es, was es wolle. Wer denkt, dass sie bereit war, lediglich einen Satiriker für diesen Deal zu opfern, der irrt. Angela Merkel war bereit, Rechtsstaatlichkeit und Grundrechte in Deutschland einem Despoten zu Füßen zu legen. Sicher, die Justiz in Deutschland entscheidet jetzt. Doch die Bundeskanzlerin hat alles getan, um den türkischen Präsidenten effektiver gegen einen Kritiker vorgehen zu lassen.

Die Zeit hat eindrücklich die Entscheidungsfindung im Kanzleramt geschildert: »Auf Seite 128 des Koalitionsvertrags, rechte Spalte, ganz oben, findet sich ein Satz, der ziemlich viel darüber sagt, wie zerstritten die Regierung in diesen Tagen ist. ›Im Kabinett wird in Fragen, die für einen Koalitionspartner von grundsätzlicher Bedeutung sind, keine Seite überstimmt‹, steht da. Gemessen daran hätte Angela Merkel im Fall Böhmermann – als sie gegen die SPD-Minister des Kabinetts entschied – den eigenen Koalitionsvertrag gebrochen. (...) Bereits in den ersten Minuten macht Merkel klar, dass sie die im Gesetz vorgeschriebene Ermächtigung zu einem Strafverfahren nach Paragraf 103 StGB wegen ›Beleidigung von Organen und Vertretern ausländischer Staaten‹ erteilen möchte.« Laut *Zeit* hat Merkel als Frage in die Runde geworfen: »Was wäre, wenn die Türkei wegen der Böhmermann-Sache den Flüchtlingsdeal platzen ließe?« So jedenfalls hätten sich Sozialdemokraten an das Treffen im Kanzleramt erinnert. Spreche man mit Unionsleuten, dann habe die Frage des Einknickens vor Erdogan überhaupt keine Rolle gespielt. Ebenso wenig die Furcht, der türkische Präsident könnte den Flüchtlingsdeal kippen. Niemals sei politisch argumentiert worden. »Unstrittig« laut *Zeit* sei aber gewesen: »Merkel und die Unionsminister wollen die Ermächtigung. Die Sozialdemokraten sind dagegen.« Also geht Merkel am Ende allein vor die Presse und verkündet die Ermächtigung. Zwei SPD-Minister, Frank-Walter Steinmeier und Heiko Maas, bekunden im Anschluss öffentlich ihre Missbilligung. Doch die große Koalition und der Flüchtlingsdeal haben Bestand.

Wenig erstaunlich in der ganzen Auseinandersetzung ist, dass Kulturstaatsministerin Monika Grütters, in deren Ressort doch eigentlich alle kulturellen Emanationen fallen, offensichtlich zu keinem Zeitpunkt um ihre Meinung zur Causa Böhmermann gebeten worden war. »Im Kabinett wurde diese Frage nicht behandelt«, heißt es in der Antwort der Bundesregierung auf meine Kleine Anfrage »Böhmermann vs. Erdogan: Von der Satire zur Staatsaffäre« (Bundestagsdrucksache 18/8594). Das ist nur konsequent, es ging Merkel ja auch nicht um die Verteidigung der Kunstfreiheit.

»Dem Humor in Europa geht es schlecht«, urteilte die französische Satirezeitschrift *Charlie Hebdo* treffend im Fall Böhmermann. »Niemand setzt sich für ein Europa des Humors ein«, heißt es in der von *Correspondance-Voltaire.de* – einem Internetportal, das dem großen französischen Philosophen und Schriftsteller Voltaire verpflichtet ist – besorgten deutschen Übersetzung des Satiremagazins, das im Januar 2015 Opfer eines islamistischen Terrorangriffs geworden war. »Ein Humorist zu sein ist in Europa nicht gerade zum Lachen. Heute nicht viel mehr als früher. 1938 veröffentlichte der Karikaturist Cabrol in Luxemburg die Karikatur eines Typen, den Sie wahrscheinlich vergessen haben, der aber in der Zeit damals echt Betrieb machte, wie man heute sagen würde. Ein gewisser Hitler, Adolf mit Vornamen. Die deutsche Vertretung erstattete sofort Anzeige gegen diese Unverschämtheit. 600 Leute kamen aber dem bedrohten Zeichner zu Hilfe und reichten eine Petition ein; am Ende wurde die Anzeige angesichts der zahlreichen Proteste zurückgezogen. (…) Und heute? Wie viele Unterstützer hat jener deutsche Humorist, den ein türkischer Caudillo verfolgt, erhalten? Soweit wir wissen, gar keine.« Es folgt ein Abschnitt über Kanzlerin Merkel, die ja in der nicht gerade für ihren überbordenden Humor bekannten DDR groß geworden und daher zu entschuldigen sei. Andererseits trage sie aber Verantwortung für die gesamtdeutsche Kultur, die ja immerhin Publikationen wie den *Simplicissimus* und die *Arbeiter Illustrierte Zeitung* (*AIZ*) mit den Karikaturen von John Heartfield hervorgebracht habe. Dann heißt es über Diktatoren: »Leute von solchem Kaliber werden die Feinheiten des Humors niemals verstehen. Man gibt ja den Schweinen auch keine Konfitüre zum Fressen, warum soll man jenen also einen übermäßig subtilen Humor vorsetzen? Grobschlächtiger Humor passt perfekt für Typen wie Erdogan. Beweis: Er hat auf der Stelle reagiert. Das war also genau die Sprache, die zu ihm passt. In Frankreich schätzt man den Humor, er ist Bestandteil der Tradition, auch wenn er bei einigen Leuten zu Magenkoliken führt. Während des berühmten Prozesses wegen der Mohammed-Karikaturen im Jahr 2006 sprachen Politiker wie Hollande ihre Unterstützung aus, und Sarkozy erklärte, dass er einen ›Exzess der Karikatur einem Exzess der Zensur‹ vorziehe. Schöner Satz, aber würde er ihn auch heute noch aussprechen, wenn er an der Stelle von Merkel gegenüber Erdogan wäre? Europa lacht nicht genug. Europa sitzt dermaßen fest auf dem eigenen Arsch. Europa ist eine junge Frau, die sich viel zu oft wie eine alte Jungfer aufspielt. Europa, so jung und schon so alt.«

Nach seinem Staatsputsch hat Erdogan die Klagen in der Türkei gegen insgesamt fast 2000 Personen wegen Beleidigung zurückgezogen. Denn in der Türkei herrscht mittlerweile Friedhofsruhe. Erdogan ist am Ziel und kann sich als generös erweisen. Aber außerhalb der Türkei gilt dies nicht. Hier geht er weiter auch strafrechtlich gegen Kritiker vor. So verwundert es nicht, dass Merkels Partner die Klage gegen Böhmermann aufrechterhält. Wenn schon nicht die Bundesregierung, so deutet sich zumindest an, dass das Bundesverfassungsgericht in letzter Instanz alle möglichen Verurteilungen Böhmermanns in der

Causa Erdogan kassieren wird. Es wäre nicht das erste Mal, dass das oberste deutsche Gericht die Grundrechte und Demokratie gegen diese Bundesregierung und eine humorlose Bundeskanzlerin verteidigen muss.

5 Krieg gegen die Kurden

Ostanatolien kennt in Europa keiner. Es ist der Osten schlechthin. Es ist der Balkan der Türkei, in dem Kurden, Türken, Zaza, Sunniten, Aleviten, Schiiten und Turkmenen neben- und miteinander leben. Es ist ein Land der extremen sozialen Gegensätze. Es ist das von der Zentralregierung in Ankara vernachlässigte Land. Es ist das Land, in dem der Kampf um die Zukunft der Türkei geführt wird.

Ostanatolien ist der Teil der Türkei, in den sich auch vor der Wiederaufnahme der bewaffneten Auseinandersetzungen nur selten Reisende verirrten. Es ist das Land der stillen Hochebenen, bäuerlich durch und durch, geprägt von den beiden Flüssen Euphrat und Tigris. Sicher auch ein Land, das seit Karl Mays programmatischem Roman *Durchs wilde Kurdistan* immer wieder als Projektionsfläche für romantische Schwärmereien diente. Hier tobt jetzt ein furchtbarer Krieg, der, aus Gründen, auf die wir noch zu sprechen kommen werden, in Europa in den Medien kaum Widerhall findet. Der türkische Menschenrechtsverein IHD berichtet von über 500 000 Flüchtlingen und Vertriebenen und fast tausend zivilen Toten in den kurdischen Gebieten allein in den ersten Monaten des Jahres 2016. Ganze Stadtviertel sind dem Erdboden gleichgemacht worden. Städte wie Cizre, Nusaybin oder auch Stadtviertel wie die historische Altstadt Sur in Diyarbakir (kurdisch: Amed) wurden von türkischen Sicherheitskräften belagert. Nicht nur mit Panzern und

Artillerie ging die türkische Armee hier gegen angebliche Frei-
schärler vor, selbst mit Bombardements aus der Luft versuchte
sie den Widerstand zu brechen. Nach Berichten von Menschenrechtsorganisationen nahmen Scharfschützen der türkischen
Armee auch zivile Bewohner in den umkämpften Städten und
Stadtteilen unter Feuer. Während in den Städten vor allem Jugendliche gegen die Sicherheitskräfte kämpften, gibt es auf
dem Land auch Anschläge auf türkische Soldaten und Polizisten
durch die verbotene kurdische Arbeiterpartei PKK.

Die türkische Regierung spricht von einem »Krieg gegen Terroristen«. Immer wieder ist in Ankara die Rede von einer kompletten »Säuberung« der kurdischen Gebiete von »Terroristen« –
eine Wortwahl, die Erdogan im Zuge seines Gegenputsches im
Juli aufgreifen sollte, um die Massenverhaftungen und Massenentlassungen von Andersdenkenden zu rechtfertigen. Für den
Präsidenten und seinen damaligen Ministerpräsidenten Ahmet
Davutoglu war nicht nur derjenige Feind, der mit der Waffe in
der Hand gegen die türkische Regierung kämpft, sondern jeder,
der andere Ziele als die Regierungspartei AKP verfolgt. Folgerichtig wurden im September 2016 im Südosten 28 Bürgermeister ihres Amtes enthoben, darunter die Bürgermeister der
Städte Silvan, Batman, Hakkari und Nusaybin, und durch von
Ankara ernannte Beamte ersetzt.

Der deutsche Journalist Peter Schaber schilderte nach seiner
Rückkehr aus den umkämpften Regionen die hierzulande weitgehend ausgeblendete Kriegsrealität: »Kein Tag vergeht in den
vor allem von Kurden bewohnten Gebieten der Südosttürkei, an
dem nicht Wohnviertel bombardiert, Zivilisten und Kämpfer
der aus Bewohnern der betroffenen Städte gebildeten Verteidi-
gungseinheiten YPS erschossen werden. Hunderttausende befinden sich auf der Flucht vor den Gefechten. Die schiere Masse
des eingesetzten militärischen Geräts und Personals zeigt, dass
es dem Erdogan-Regime ernst ist: Alleine in die 70 000 Einwoh-

ner zählende Gemeinde Yüksekova wurden 20 000 Soldaten und Mitglieder von Spezialeinheiten mit achtzig Kampfpanzern entsandt.« Erschütternd sei die Bestialität, mit der die türkischen Sicherheitskräfte vorgegangen seien, so Schaber. »Augenzeugen berichten von bei lebendigem Leib verbrannten Menschen, von zerstückelten Leichen und gezielten Massakern an Unbewaffneten, die sich in Kellergewölben vor den Angreifern versteckten.«

Im Juli, wenige Tage vor dem Putschversuch gegen Erdogan, forderte Human Rights Watch eine unabhängige Untersuchung mutmaßlicher Menschenrechtsverletzungen bei Militäreinsätzen im Südosten der Türkei. »Die wirksame Blockade von Gebieten im Südosten befeuert die Sorge über ein große Vertuschung«, warnte die Türkei-Expertin Emma Sinclair-Webb in ihrem Bericht. »Die türkische Regierung sollte den Vereinten Nationen und Nichtregierungsorganisationen sofortigen Zugang zu dem Gebiet gewähren, um zu dokumentieren, was dort vor sich geht.« Die Organisation verwies auf den Fall von rund 130 getöteten Menschen in der Stadt Cizre während einer Ausgangssperre zwischen Dezember vergangenen Jahres und März 2016. Diese Opfer – darunter unbewaffnete Zivilisten und verletzte Kämpfer – sollen sich in Häusern verschanzt haben und sind vermutlich von Erdogans Sicherheitskräften getötet worden. Human Rights Watch verwies des Weiteren auf Berichte von Augenzeugen, denen zufolge Scharfschützen der Armee bewusst auf Zivilisten zielten.

Der brutale Krieg gegen die Kurden wird möglicherweise auch mit Waffen made in Germany geführt. So hatte die Kilic Feintechnik GmbH im Oktober 2011 die Ausfuhr von 600 Scharfschützengewehren des Typs Steyr SSG 08 an die türkische Polizei beantragt. Dem Antrag wurde seitens der Bundesregierung stattgegeben, eine Ausfuhrgenehmigung wurde erteilt. Die Verantwortlichen in Berlin können nicht ausschließen, dass die Präzisionswaffen in Erdogans Krieg gegen die Kurden Verwendung finden. »Der Bundesregierung liegen keine Erkenntnisse dazu vor, ob und inwieweit die Türkei Waffen aus Deutschland in ihrem Vorgehen gegen die PKK einsetzt«, heißt es in einer Antwort auf meine Nachfrage (Bundestagsdrucksache 18/6480). Und weiter: »Die Genehmigungen wurden mit keiner Auflage versehen, dass die gelieferten Waffen nicht an bzw. in bestimmte Regionen der Türkei geliefert werden dürfen.«

Man kann nicht verstehen, wie es im Jahr 2016 zu diesem Krieg kommen konnte, ohne sich das Ergebnis der türkischen Parlamentswahlen vom Juni 2015 vor Augen zu halten. Bei der Wahl hatte die AKP nicht nur ihre absolute Mehrheit verloren, sondern auch 8,9 Prozent der Stimmen. Mit 40,9 Prozent war sie zwar wieder stärkste Partei geworden. Aber die deutlich gewordene tiefe Vertrauenskrise bedrohte die Machtoptionen der islamistischen Partei. Auch die Ergebnisse der anderen Parteien waren bemerkenswert. Die kemalistische Oppositionspartei CHP verlor leicht an Stimmen und kam auf 25 Prozent, die ultranationalistische MHP konnte mit 3,3 Prozent stark zulegen und kam auf 16,3 Prozent. Der eigentliche Wahlgewinner war die linke prokurdische HDP, die zum ersten Mal bei Parlamentswahlen antrat und mit 13,1 Prozent, achtzig Parlamentssitzen und über sechs Millionen Stimmen überraschend stark wurde. Ihre Vorgängerpartei BDP, die 2011 ausschließlich unabhängige Kandidaten ins Rennen geschickt hatte, war bei den vorhergehenden Parlamentswahlen mit 5,67 Prozent nicht einmal auf die Hälfte dieses Stimmenanteils gekommen. Zusätzlich gab es zahlreiche Berichte über Wahlbehinderungen der HDP. Dazu gehörten Anschläge auf ihre Wahlbüros bis hin zu Bombenattentaten auf die HDP-Geschäftsstellen am 18. Mai 2015 in Adana und Mersin. Laut einem Bericht der türkischen Menschenrechtsorganisation IHD kam es vom 23. März bis zum 19.

Mai 2015 zu Sachbeschädigungen an 114 Standorten der HDP. Für die AKP werden sieben, für die CHP vier Fälle genannt, für die MHP einer. Zwei Tage vor der Wahl am 5. Juni wurde ein Anschlag auf eine Kundgebung der HDP in Diyarbakir verübt, bei dem vier Menschen getötet und mehr als einhundert Menschen verletzt wurden.

Die HDP konnte diesen Stimmerfolg auch erzielen, weil sie als »Partei der Völker« mit einem klar oppositionellen Profil gegen die Korruption und Gewaltpolitik der AKP nicht nur Linke und kurdische Wähler, sondern auch andere unterdrückte und diskriminierte Volksgruppen in Ostanatolien ansprach. Anders ist es nicht zu erklären, dass die HDP nicht nur im kurdischen Südosten der Türkei Mehrheiten in den einzelnen Wahlbezirken holen konnte, sondern auch in Nordostanatolien entlang der Grenze zu Armenien und Georgien Mehrheiten erzielte, die weit über dem Potential kurdischer Wähler lagen. So wurde die HDP in den Provinzen Kars mit 44 Prozent, Ardahan mit 30,4 Prozent und Dersim mit 61 Prozent stärkste Kraft. Auch in anderen Provinzen in Ostanatolien wurden beachtliche Ergebnisse erzielt. So in Erzurum mit 17,8 Prozent, in Bingöl mit 41 Prozent, in Elazig mit 15,3 Prozent und in Adiyaman mit 22,7 Prozent. Gerade Aleviten, die in Ostanatolien in einigen Provinzen eine starke Minderheit bilden oder sogar wie in Dersim die Mehrheit der Bevölkerung stellen und vom radikal sunnitischen Kurs der AKP immer stärker diskriminiert werden, scheinen sich für die HDP engagiert zu haben.

Zugleich gelang es der HDP, in den westlichen Metropolen beachtliche Ergebnisse zu erzielen und zumindest einen Teil der türkischen Arbeiterklasse dort für Frieden, Demokratie und soziale Gerechtigkeit mit zu mobilisieren. Im Wahlkreis von Izmir erzielte die »Partei der Völker« 11,5 Prozent und in den drei Istanbuler Wahlkreisen 14,5 Prozent, 12,3 Prozent und 10,6 Prozent.

Kurz: Das Ergebnis war für die AKP alarmierend. Denn es bedrohte nicht nur ihre nationale Machtbasis, sondern konnte als ostanatolischer Aufstand gegen das islamistische und korrupte Regime in Ankara interpretiert werden, das immer stärker auf eine radikalsunnitische Islamisierung und eine Entfesselung nationalistischer Kräfte setzen musste, um seine Machtoptionen erhalten zu können. Alle Maßnahmen von Erdogan und der AKP in der Folge waren darauf gerichtet, diesen ostanatolischen Aufstand zu ersticken und diejenigen, die sich hier zusammengefunden hatten, um für Autonomie und Selbstbestimmung zu streiten, wieder zu entzweien und damit den Kampf für eine verfassungsändernde Mehrheit zur Einführung eines Präsidialsystems unter Erdogan wieder aufnehmen zu können. Ziel der nun folgenden Maßnahmen war es, die HDP wieder in die kurdische Ecke abzudrängen und dadurch ihre Verbindungen mit Teilen der türkischen Arbeiterklasse wie der ostanatolischen Landbevölkerung zu unterminieren.

Nichts war dazu besser geeignet, als den Friedensprozess mit den Kurden aufzukündigen und damit die nächste Runde im bewaffneten Konflikt in der Türkei zu eröffnen. Dazu allerdings war es nötig, den Kurden den Schwarzen Peter für die Aufkündigung des Friedensprozesses zuzuschieben. Das geschah im Sommer 2015. Am 20. Juli wurde im Amara-Kulturzentrum in der türkisch-syrischen Grenzstadt Suruc ein schweres Attentat verübt. 34 Menschen kamen dabei ums Leben, 76 wurden verletzt. Es waren zumeist Aktivisten der Jugendorganisation der sozialistischen Partei ESP, die sich hier für eine Solidaritätsaktion mit dem nur etwa zehn Kilometer hinter der Grenze zu Syrien entfernten Kobane versammelt hatten, das zuvor von Einheiten der PKK-nahen YPG freigekämpft worden war, aber weiterhin vom IS bedroht wurde. In der Folge dieses Anschlags kam es sowohl in Istanbul und Izmir als auch im Osten des Landes zu Massendemonstrationen gegen die AKP-Regierung. Die

Protestierenden warfen der Regierungspartei vor, durch ihre jahrelange Unterstützung des IS in Syrien und im Irak und ihre Untätigkeit beim Aufbau seiner Strukturen in der Türkei für das Attentat in Suruc mitverantwortlich zu sein. Zwei Tage später wurden im 200 Kilometer entfernten Ceylanpinar, ebenfalls an der syrischen Grenze gelegen, zwei Polizisten ermordet. Zunächst bekannte sich der militärische Arm der PKK, die Volksbefreiungsstreitkräfte HPG, zu dem Attentat und behauptete, die beiden Beamten seien in den Anschlag von Suruc involviert gewesen, ohne jedoch dafür Beweise vorlegen zu können. Später dann bestritt die PKK jede Verantwortung für das Attentat und bezeichnete den Mord als »nicht abgesprochene Vergeltungsmaßnahme lokaler Kräfte«. In der Folge erklärte Erdogan den Friedensprozess mit den Kurden für beendet und ließ sowohl Stellungen des IS als auch das Hauptquartier der PKK im Irak bombardieren. Daraufhin kündigte die PKK den seit März 2013 geltenden Waffenstillstand auf.

Wie man auch immer die genauen Umstände des Attentats von Ceylanpinar wertet: Erdogan war am Ziel. Der Krieg gegen die PKK, den seine Sicherheitskräfte als Krieg gegen die Kurden führen sollten, spaltete das Land. In einer Atmosphäre der Spannung, des Terrors und des Bürgerkrieges würde es für ihn leichter sein, sich als starker Mann zu präsentieren, als Garant für Sicherheit und Ordnung. Und dieses Kalkül sollte aufgehen. Erdogan setzte neue Wahlen an, die am 1. November 2015 stattfanden. Seine AKP konnte mit 49,5 Prozent und einem Plus von 8,6 Prozent die absolute Mehrheit der Sitze mit 317 von 550 zurückerobern. Die MHP musste schwere Verluste einstecken, die Zahl ihrer Sitze halbierte sich auf vierzig. Das Ziel aber, die HDP unter die Zehnprozenthürde zu drücken, wurde verfehlt. Die HDP verlor zwar Stimmen, kam aber immer noch auf 10,8 Prozent und entsandte 59 Abgeordnete in die Nationalversammlung.

Dabei musste die Partei ihren Wahlkampf unter einer regelrechten Terrorkampagne durchführen. Von fairen und freien Wahlen konnte vor diesem Hintergrund in der Türkei keine Rede mehr sein. Kurz vor der Wahl, am 10. Oktober, fand der bis dahin schlimmste Anschlag in der Geschichte des Landes mit über hundert Todesopfern statt. Das Attentat zielte auf eine Friedensdemonstration in Ankara, die auch von der HDP unterstützt wurde. In der Folge stellt die Partei ihren Wahlkampf ein. Die HDP verlor bei dieser Neuwahl insbesondere ihren Status als Champion in den ostanatolischen Provinzen. In Kars und Ardahan fiel die »Partei der Völker« dramatisch von 43,5 auf 34,0 Prozent bzw. von 30,1 auf 22,1 Prozent, während Erdogans AKP ordentlich zulegte und sich im äußersten Nordosten mit 36,2 Prozent (Kars) und 37,0 Prozent (Ardahan) an die Spitze setzte. In der Tendenz wurde die HDP auch in den kurdischen Gebieten zurückgedrängt. Ebenso waren in den westlichen Städten Verluste zu beklagen. Die Strategie Erdogans war damit aufgegangen.

Mittlerweile ist von erneuten Neuwahlen die Rede. Beobachter gehen davon aus, dass angesichts der Kriegssituation und des Ausnahmezustands verbunden mit der Einschüchterung von HDP-Wählern die Partei unter die Zehnprozenthürde gedrängt werden könnte. Damit stünde der Weg offen für eine Zweidrittelmehrheit der AKP, die diese dann endlich für die Verfassungsreform im Sinne Erdogans nutzen könnte.

In der politischen Auseinandersetzung hierzulande wird mir gerade von Erdogan-Anhängern vorgeworfen, die PKK als politische Organisation und nicht als Terrororganisation zu bezeichnen. Durch meine Forderung nach einer Wiederaufnahme des Friedensprozesses sei ich selbst Terroristin und befürworte den Terror, so die Fans des türkischen Präsidenten. Ähnliche Vorwürfe werden von den Erdogan-Anhängern praktisch gegen jeden erhoben, der sich für einen Friedensprozess in der Türkei starkmacht. Ganz generell dient eine unterstellte PKK-Nähe als rhetorische Politkeule, um alle Kritiker des türkischen Präsidenten zu diskreditieren. Dieser Vorwurf ist umso bemerkenswerter, als es gerade Erdogan war, der jahrelang mit der PKK verhandelte und der sie auch vor deren Ankündigung eines Waffenstillstands im März 2013 als politische Organisation behandelte. So schickte er Emissäre zu Verhandlungen nach Oslo und laut Beobachtern seinen Geheimdienstchef Hakan Fidan zum inhaftierten Kurdenführer Abdullah Öcalan auf die Gefängnisinsel Imrali. Es war die AKP, die zumindest verbal auf den Friedensprozess mit den Kurden und auf Verhandlungen setzte. Dieser Friedensprozess wurde dann aber de facto bereits vor dem anatolischen Aufstand als Auslöser bei den Juniwahlen beerdigt.

Bereits im Frühjahr 2015 verloren Erdogan und die AKP jedes Interesse am Friedensprozess. Aber warum eigentlich, sie waren doch jahrelang gut damit gefahren. Denn auf der einen Seite hatte es praktisch kaum konkrete Zugeständnisse der Regierung gegeben, auf der anderen Seite wurde der andauernde Waffenstillstand der AKP politisch positiv zugerechnet. Erdogan aber wollte vor allem die Zustimmung zu seinem Präsidentenprojekt. Dafür hätte er die Kurden gebraucht, um sowohl im Parlament als auch in der Bevölkerung bei folgenden Abstimmungen die notwendigen Mehrheiten zu haben. Dass dies scheiterte, liegt an der demokratischen Stärke der HDP insgesamt. Die »Partei der Völker« war nicht bereit, sich auf ein Tauschgeschäft Diktatur in Ankara gegen symbolische Rechte für Kurden im Südosten einzulassen.

Auch ihr Vorsitzender Selahattin Demirtas, der ein glaubwürdiger Streiter für Demokratie in der Türkei ist, stemmte sich von Anfang an gegen Erdogans Diktaturpläne. Ich habe ihn als integre, außerordentlich geradlinige Persönlichkeit mit einem starken Rückgrat kennengelernt, der allen Schmutzkampagnen trotzt. Mit Demirtas und der HDP war Erdogans schmutziges Geschäft nicht zu machen. Dadurch zog er sich den Hass der ganzen AKP-Clique zu. Jetzt will sie ihn am liebsten lebendig im Gefängnis begraben und verfolgt ihn mit diversen Terrorismusanklagen. Im Juni hat die Nationalversammlung auch seine parlamentarische Immunität aufgehoben. Demirtas lässt sich davon ebenso wenig beeindrucken wie von den zahlreichen Morddrohungen der Erdogan-Fans. Erst in jüngster Zeit erfährt er auch in Europa größere Solidarität. Meine Fraktionsvorsitzende Sahra Wagenknecht hat im Juli beantragt, ihn in das Bundestagsprogramm »Parlamentarier schützen Parlamentarier« aufzunehmen. Kanzlerin Merkel hält sich wie im Falle von Dündar vornehm zurück. Bei all ihren Besuchen in der Türkei fand sie keine Zeit für ein Treffen. Auch als Demirtas in Berlin weilte, hielt man sich im Bundeskanzleramt bedeckt.

Demirtas war es aber auch, der neben einigen CHP-Abgeordneten von Anfang an die türkische Terrorunterstützung in Syrien und im Irak angeprangert hat, nicht nur was den IS angeht, sondern auch in Sachen Al-Qaida und Ahrar al-Scham. Bei seinem Besuch in Berlin im April hatte er uns ausdrücklich darauf hingewiesen, dass diese Unterstützung andauert, auch wenn Erdogan jetzt offiziell den IS bekämpft. Trotz der Anschläge setze die AKP auf den Aufbau islamistisch-terroristischer Strukturen, so Demirtas. Am dringlichsten war ihm aber die Warnung vor der Bevölkerungspolitik Erdogans als Teil seines Krieges gegen die Kurden. Kaum eine Zeitung, kaum ein Medium hat hierzulande darüber berichtet. Erdogan instrumentalisiert syrische Flüchtlinge, indem er ihre Ansiedlung in den kurdischen und insbesondere alevitischen Gebieten der Südosttürkei fördert. Ihnen soll zugleich die türkische Staatsbürgerschaft verliehen werden, um hier ein getreues AKP-Wahlvolk in den kurdischen Gebieten heranzuziehen. Das ist nichts anderes als ein Programm zur Verschärfung des Bürgerkrieges.

Mit einem ist Erdogan allerdings bei seinem Krieg gegen die Kurden in der Region vorerst gescheitert. Die Unterstützung der islamistischen Terrorgruppen in Syrien und im Irak gegen die kurdischen PKK-nahen Volksverteidigungskräfte YPG ist bisher nicht von Erfolg gekrönt. Erdogan kann nicht vergessen machen, dass es die PKK war, die im Sommer 2014 viele Jesiden vor weiterer Verfolgung und vor dem Völkermordprogramm des IS rettete. Dies war so eindrücklich, dass selbst der Unions-Fraktionschef Volker Kauder in der Folge über Waffenlieferungen an die PKK laut nachdachte. Trotz Beschusses kurdischer Stellungen in Syrien auch durch die türkische Armee konnten Cizre, Kobane und Afrin/Efrin gehalten werden. Der IS und Al-Qaida wurden zurückgedrängt. Weiter tobt der Kampf um einen Korridor zwischen den kurdischen Kantonen im Norden Syriens. Die kurdischen Volksverteidigungseinheiten YPG werden dabei sowohl von der russischen als auch der US-Armee unterstützt. Ihre Autonomie ist ihnen aber kaum mehr zu nehmen. Mit bewundernswertem Mut kämpfen ihre Frauenbataillione, die YPJ, gegen den IS. Es ist nicht übertrieben zu sagen, dass vor Kobane und Afrin auch die Schlacht um unsere Freiheit geschlagen wird. Der NATO-Partner Türkei, den Berlin und Washington weiter besinnungslos unterstützen, steht dabei weiter auf der anderen Seite, der Seite der Unfreiheit und der Unterdrückung. Wenn man Selahattin Demirtas fragt, was der Westen tun soll, dann ist die Antwort klar: nicht weiter diejenigen unterstützen, die auf der Seite der Unfreiheit und für den Krieg gegen die Kurden stehen.

Warum berichten die deutschen Medien so wenig über diesen Krieg? Zum einen gibt es praktisch keine unabhängigen Journalisten vor Ort. Wer berichtet, wird ausgewiesen oder dem wird schlicht die Einreise verweigert, oder es ergeht ihm wie der US-Reporterin Serena Shim, die für den iranischen Fernsehsender Press TV arbeitete. Nachdem sie über die Unterstützung des IS durch Erdogans Türkei berichtet hatte, kam sie am 19. Oktober 2014 bei einem mysteriösen Autounfall in Suruc ums Leben. Kurz vor ihrem Tod hatte sie ihrem Arbeitgeber berichtet, dass der türkische Geheimdienst MIT sie der Spionage beschuldige, aufgrund ihrer Berichte über die türkische Unterstützung für den IS beim Kampf um Kobane. Zugleich gibt es allerdings auch so etwas wie eine vornehme Zurückhaltung bei NATO-Partnern. Während beispielsweise die öffentlich-rechtlichen Medien hierzulande vielfach die Meldungen der Syrischen Beobachtungsstelle für Menschenrechte über den Krieg in Syrien verbreiten, natürlich immer mit dem Zusatz, dass diese Berichte nicht überprüfbar sind, greifen sie die Meldungen der kurdischen Nachrichtenagentur Firatnews, die unermüdlich über den Krieg in der Türkei berichtet, überhaupt nicht auf. Es scheint, dass hier zumindest mit zweierlei Maß gemessen wird. Die Leidtragenden sind die Menschen in der Türkei, denn da Erdogan seinen Krieg praktisch unter Ausschluss der internationalen Öffentlichkeit führen kann, sind den Kriegsverbrechen und Massakern der türkischen Sicherheitskräfte Tür und Tor geöffnet. Erdogan kann sich des Schweigens so sicher sein wie des roten Teppichs beim nächsten NATO-Gipfel, um mit Bundeskanzlerin Merkel zu parlieren.

6 Der Putschversuch

Bei dem Versuch von Teilen des Militärs, Erdogan und die AKP-Regierung zu stürzen, sind nach offiziellen Angaben mindestens 290 Menschen getötet worden. Demnach gehörten 190 davon regierungstreuen Einheiten an oder waren Zivilisten, die übrigen Toten gelten als Putschisten. Außerdem sollen bei dem versuchten Staatsstreich mehr als tausend Menschen verletzt worden sein.

Armeeeinheiten hatten am Abend des 15. Juli das Kriegsrecht ausgerufen und eine Ausgangssperre verhängt. Das Militär wolle »die verfassungsmäßige Ordnung, Demokratie, Menschenrechte und Freiheiten wiederherstellen«, ließen die Putschisten im staatlichen Fernsehsender TRT verlauten. Im Land sollten wieder Rechtsstaatlichkeit und Ordnung gelten – dem stand der Beschuss des Parlamentsgebäudes in Ankara entgegen, in dem sich Abgeordnete aufhielten. Auch in der Nähe des Präsidentenpalastes in Ankara im Stadtteil Bestepe gab es Berichten zufolge einen Luftangriff der Putschisten. An der Bosporus-Brücke in Istanbul feuerten am Putsch beteiligte Soldaten in eine Gruppe Demonstranten. Zentrale Gebäude wie die Hauptquartiere des Generalstabs, der Armee, der Polizei und des Geheimdienstes wurden besetzt. Auch der internationale Flughafen Atatürk in Istanbul stand zwischenzeitlich unter Kontrolle der Aufständischen. Wenig Notiz wurde hierzulande von der Zuspitzung auf dem Luftwaffenstützpunkt Incirlik genommen, auf dem auch US-Atomwaffen lagern. Dieser Stützpunkt wurde von den Putschisten genutzt, regierungstreue Einheiten unterbrachen die Stromzufuhr und sollen Gewehr bei Fuß für eine Erstürmung gestanden haben.

Allein, Erdogans Regierung reagierte auf den Putschversuch rasch und entschlossen. Ministerpräsident Binal Yildirim hatte die regierungstreuen Truppen in der Nacht zum 16. Juli angewiesen, von den Putschisten gekaperte Flugzeuge abzuschießen. Am Samstagmorgen griffen Kampfjets Panzer der Putschisten an, die am Präsidentenpalast in Ankara aufgefahren waren. Nach zwölf Stunden war der Spuk vorbei.

Nach dem gescheiterten Putschversuch taten und tun sich viele Fragen auf. Im Wesentlichen kursieren drei Erklärungsmuster in der Öffentlichkeit. Zum einen die offizielle Version der AKP-Regierung, es habe sich um einen Putschversuch der Bewegung um den Prediger Fethullah Gülen gehandelt, in den Teile der Streitkräfte eingebunden gewesen seien. Die zweite Erklärungsvariante geht von einer groß angelegten False-Flag-Operation Erdogans aus, also einem vom Präsidenten selbst vorgetäuschten Staatsstreich, bei dem dieser einen nur kleinen Kern von Putschisten nutzte, um einen scheiternden Putsch zu simulieren. Und drittens macht eine Erklärung die Runde, wonach Erdogan und die AKP relativ früh vom Putschvorhaben informiert gewesen seien und sich bestens hätten vorbereiten können. Wie Harald Kujat, der frühere Generalinspekteur der Bundeswehr, neige ich dieser letzten Variante zu, da es doch große Auffälligkeiten hinsichtlich einer guten Vorbereitung Erdogans gibt. Dazu kommt, dass die Ereignisse im Anschluss an den versuchten Putsch die Frage aufwerfen, ob es nicht einen lange vorbereiteten Plan für einen Staatsstreich von Erdogan selbst gab.

Ein geleaktes Abhörprotokoll aus dem Jahr 2012 lässt allerdings die Version des Putschversuchs mit zumindest einem Anteil von False-Flag-Operationen als nicht von vornherein falsch erscheinen. Dieses Protokoll dokumentiert ein Gespräch des ehemaligen Außenministers (und späteren Premiers) Ahmet Davutoglu mit dem Geheimdienstchef Hakan Fidan, dem stellvertretenden Generalstabschef Yasar Güler und Feridun Sinirlioglu, der damals als Staatssekretär im Außenministerium diente und das besondere Vertrauen seines Ministers sowie Erdogans genießt. Die vier suchten nach einem Vorwand für eine Militärintervention in Syrien. So fragte Davutoglu den Geheimdienstchef: »Hakan, wenn wir Panzer schicken, was sind dort die Komplikationen?« Und: »Wir werden Panzer reinschicken. Von diesem Moment an müssen wir eine Kriegssituation berücksichtigen, und damit treten wir in den Krieg ein, wir machen eine Operation.« Geheimdienstchef Fidan wandte sich an den stellvertretenden Generalstabschef mit dem Vorschlag eines inszenierten Granaten- oder Raketenangriffs: »Schauen Sie, General, ich schicke vier Männer auf die andere Seite und lasse sie acht Stück auf ein leeres Feld schießen. Das ist kein Problem. Ein Vorwand lässt sich konstruieren.«

Es gibt gewichtige Hinweise, dass Mitglieder aus dem Sicherheitsapparat Erdogans frühzeitig von dem Putschversuch Kenntnis erlangt haben. So ist es auch zu erklären, warum die Putschisten bereits um 21 Uhr zuschlugen und nicht ihre Angriffe in die tiefe Nacht oder den frühen Morgen verlegten, wo doch erheblich weniger öffentliche Aufmerksamkeit zu erwarten gewesen wäre.

Eine Schlüsselfigur dieser These ist eben der mächtige Geheimdienstchef Hakan Fidan. Ihm wird vorgeworfen, bereits seit 16 Uhr am 15. Juli von den Putschplänen gewusst zu haben, aber Erdogan und die politische Führung im Gegensatz zum Generalstabschef nicht informiert zu haben. So berichtet es zumindest die Tageszeitung *Die Welt* unter Berufung auf Abhörprotolle westlicher Geheimdienstkreise. Ihrerseits informiert über das Wissen von Fidan und den Militärs, zogen die Putschisten ihre Gewalttaten vor und lockten den Generalstabschef in eine Falle. Falls an dieser Version nur ein Fünkchen Wahrheit ist, ist es umso bemerkenswerter, dass Fidan weiter auf seinem Posten blieb, während Zehntausende aus dem Staatsapparat entlassen oder verhaftet wurden. Sollte er keinerlei Informationen über einen Putschversuch von diesem Ausmaß gehabt haben, wäre auch dies wohl ein Grund gewesen, ihn wegen Erfolglosigkeit sofort zu entlassen. Aber Fidan blieb im Amt und gehört weiter zum engsten Kreis der sicherheitspolitischen Berater des türkischen Staatspräsidenten.

Die Frage, die sich geradezu aufdrängt, ist doch, ob Fidan seine Informationen benutzte, um den Putschversuch anlaufen zu lassen, um dann einen besseren Anlass für Erdogans bestens vorbereitenden Gegenputsch zu haben. Denn dass die Listen der zu entlassenen und verhafteten Mitglieder des Staatsapparats schon längst vorbereitet waren, lässt sich ob der Kürze der Reaktionszeit nur schwer bestreiten.

Gegen diese These wird man zu Recht einwenden können, wer denn so wahnsinnig sein und die Kommandoaktionen der Putschisten nicht sofort stoppen würde – zumal das Leben des Präsidenten massiv gefährdet gewesen sei. Allein, auch hier gibt es eine Reihe von Zufällen, die sich nur schwer erklären lassen. So verließ Erdogan am 15. Juli seine Ferienresidenz rechtzeitig, bevor die Putschisten das Anwesen stürmten. Auf dem Weg mit seiner Maschine nach Istanbul schossen ihn die F16-Kampfjets der Verschwörer nicht ab. Einmal hieß es, der Pilot habe die Kennung einer türkischen Verkehrsmaschine in den Transponder eingegeben, ein anderes Mal, den Verfolgern drohte der Sprit auszugehen. Beides sind wenig glaubhafte Versionen. Fraglich, ob die vom türkischen Parlament eingerichtete Untersuchungskommission die wahren Umstände je wird klären können. Die erkennbare Folter der Verhafteten, auf die auch Amnesty International hinweist, lässt hier nichts Gutes befürchten. Die Menschenrechtsorganisation beklagt zudem, dass auch Wochen nach dem Putsch gerade der Verbleib der angeblichen Rädelsführer nicht geklärt ist und viele der Festgenommenen verschwunden bleiben.

Deutliche Hinweise legen auch zumindest eine Verwicklung der USA in den Putschversuch nahe. Eines dieser merkwürdigen Indizien ist eine Meldung des US-Nachrichtensenders NBC, die dann durch einen Tweet eines Reporters des US-Nachrichtensenders MSNBC, Kyle Griffin, um die Welt ging und sich als Meldung auf über 900 000 Webseiten weltweit wiederfand. In der Putschnacht meldeten NBC-News und Griffin unter Berufung auf militärische US-Quellen, dass Erdogan in Deutschland um Asyl nachgesucht habe. Diese Meldung wurde zu einer Zeit verbreitet, als die Situation in der Türkei immer noch sehr unklar war. Eine Flucht des türkischen Staatspräsidenten hätte dessen Anhänger entmutigen können, sich den Putschisten entgegenzustellen. Bisher ist unklar, wie es zu dieser Meldung kam. Der MSNBC-Journalist hat den entsprechenden Tweet mittlerweile gelöscht. Sowohl der Sender als auch er selbst weigern sich, dazu Stellung zu nehmen. Die türkische Regierung dringt verständlicherweise auf eine Aufklärung.

Interessant an dem merkwürdigen Vorgang ist zudem, dass offenbar die besondere Beziehung der Kanzlerin zu Erdogan im Tweet benutzt wurde, um der Meldung eine höhere Glaubwürdigkeit zu verleihen. Später wurden weitere Nachrichten abgesetzt, wonach Erdogan die Landeerlaubnis in Deutschland verweigert worden sei und er sich nunmehr auf dem Weg nach London befinde. Es scheint nicht verwegen, davon auszugehen, dass das US-Militär hier eine bewusste Falschmeldung in die Welt gesetzt hat, und zwar zu einem Zeitpunkt, als der Putsch noch nicht gescheitert war. Auf diesen Umstand wies der Wikileaks-Gründer Julian Assange in einem Interview zu Recht hin.

NBC gehört im Übrigen dem drittgrößten Medienkonzern der Welt, der NBC Universal-Gruppe, die wiederum 2013 komplett von der Comcast Corporation – einem der bedeutendsten Kabelnetzbetreiber und Internetanbieter der USA – übernommen wurde.

Nach der Niederschlagung des Militärputsches äußerte der US-General Joseph Votel, ihm seien nun etliche Gesprächspartner abhandengekommen, und der US-Geheimdienstkoordinator James Clapper ließ verlauten, die Festnahmen beim Militär gefährdeten den Kampf gegen den IS. Beide Bemerkungen führten bei der türkischen Regierung zu erheblichem Unmut. Der US-Generalstabschef Joseph Dunford selbst musste bei seinem Besuch in der Türkei am 31. Juli 2016 Abbitte leisten und bemühte sich explizit um Schadensbegrenzung.

Am 24. August 2016 hielt schließlich US-Vizepräsident Joe Biden bei seinem Besuch in Ankara ein ganzes Bündel an Beruhigungen und Kompensationen für die Türkei in seinem diplomatischen Gepäck bereit, um Erdogan und Co. zu besänftigen. So stellte er eine Auslieferung des Predigers Fethullah Gülen durch die USA zumindest in Aussicht. Grundsätzlich hätten die USA kein Interesse an daran, jemanden zu schützen, der einem Verbündeten geschadet habe, betonte Biden. Allerdings müsste das rechtliche Prozedere für eine Auslieferung gewahrt bleiben. Wichtiger noch war aber, dass Obamas Stellvertreter auf die türkische Position in Sachen syrische Kurden einschwenkte und offenbar grünes Licht für eine türkische Invasion in Syrien gegeben hat. Zumindest ließ er die bisher von den USA gegen den IS unterstützten syrischen Kurden schlicht fallen und drohte ihnen sogar ultimativ mit einer Einstellung der US-Hilfe, sofern sie sich nicht wieder vom westlichen Euphratufer zurückzögen. Mit Hilfe türkischer Panzereinheiten eroberten islamistische Terrormilizen Ende August die syrische Grenzstadt Jarablus nahezu kampflos vom IS. Die Türkei begann zudem mit der Errichtung einer Pufferzone entlang der türkischen Grenze, um einen Zusammenschluss der kurdischen Kantone in Syrien zu verhindern. Erklärtes Kriegsziel Ankaras ist die Vertreibung der kurdischen Selbstverteidigungsstreitkräfte aus Gebieten westlich des Euphrat. Islamistische Terrormilizen, die von der Türkei unterstützt wurden, trugen Ende August ihre Angriffe von Norden in Richtung der Stadt Manbij vor, die dem IS von den YPG in verlustreichen Kämpfen abgenommen worden war. Zugleich griffen IS-Einheiten das Gebiet von Süden her an. *Spiegel Online* kam zu dem Befund, die Türkei habe dem IS eine Atempause verschafft. Diese offensichtliche Koordination der Türkei mit dem IS wiederum stieß bei den Amerikanern auf Kritik.

Die türkische Regierung forderte auch von Berlin lautstark die Auslieferung von Gülen-Anhängern, so etwa Außenminister Mevlüt Cavusoglu am 28. Juli 2016. Auf meine Nachfrage erklärte die Bundesregierung am 5. August, dass seit dem Putschversuch vom 15. Juli »die Türkei nicht mit Anträgen an die hierfür zuständige Bundesregierung zur Auslieferung von Personen mit angeblichem Gülen-Bezug oder anderer Personen in die Türkei herangetreten« ist. Offenbar scheint jenseits vollmundiger Schuldzuweisungen von türkischen Regierungsmitgliedern die Beweislage schwieriger als von der Erdogan-Regierung offiziell eingestanden. Besonders eilig, der angeblichen Verschwörer und deren Unterstützer habhaft zu werden, scheint man es auf jeden Fall nicht zu haben.

Zugleich hat nach dem Putschversuch ein heftiges Werben Russlands um die Türkei eingesetzt. Der türkische Staatschef selbst spielt mit dieser Option wohl auch, um von den USA weitreichende Konzessionen für seine Linie, etwa die Bekämpfung der Kurden, in puncto Syrien zu erhalten. Erdogan lässt eindeutige Signale setzen. So berichtete der türkische Staatssender TRT groß über den Besuch des kasachischen Präsidenten Nursultan Nasarbajew, einen engen Verbündeten Russlands, unter der Überschrift » Türkei muss Shanghaier Organisation beitreten«. Besonders betont wurde, dass Nasarbajew Anfang August »als erster Staatspräsident seit dem Putschversuch der Gülenisten vom 15. Juli die Türkei besucht« hat und von Erdogan offiziell empfangen wurde. Der kasachische Staatspräsident wurde mit den Worten zitiert: »Ich bin nur gekommen, um zu zeigen, dass wir Erdogan beistehen.« Zudem warb der Besucher explizit um einen Beitritt der Türkei zur NATO-Konkurrenz, der Shanghai-Organisation, an der neben Kasachstan und anderen zentralasiatischen Republiken auch Russland und die Volksrepublik China beteiligt sind: »Ich bin dafür, dass die Türkei der Shanghaier Organisation für Zusammenarbeit beitritt. Zudem sind für uns alle von China begonnenen Aktivitäten auf der Seidenstraße von großer Bedeutung. Keine dieser Aktivitäten kann ohne die Teilnahme der Türkei verwirklicht werden.«

Russland gehörte zu den ersten Staaten, die den Putschversuch vom 15. Juli verurteilten. In russischen Medien wurde zudem darüber berichtet, dass die türkische Seite durch russische Abhörmaßnahmen von den Putschvorbereitungen vorab unterrichtet worden war. Ob dies tatsächlich der Fall war, lässt sich derzeit noch nicht verifizieren. Tatsache ist aber, dass es in der Folge eine besondere Hinwendung Erdogans zu Russland gab. So war es ein deutliches Zeichen, dass die erste Auslandsreise Erdogans nach dem Putsch Anfang August nach St. Petersburg zu Wladimir Putin führte. Vergessen waren die Zeiten, als Russland wegen des Abschusses eines russischen Kampfflugzeugs durch türkische Jagdflieger Sanktionen gegen die Türkei verhängt hatte. Folgerichtig wurden nach dem Putschversuch auch die für den Abschuss verantwortlichen Piloten als Putschisten von den türkischen Behörden verhaftet.

Es stellt sich allerdings die Frage, ob Erdogan hier nicht allein deshalb auf die Russen setzt, um mit den Amerikanern wieder ins Geschäft zu kommen. Die Wiederannäherung an die

USA nach dem Besuch von US-Vizepräsident Biden scheint darauf hinzudeuten. In Syrien jedenfalls geht Erdogans Unterstützung islamistischer Terrormilizen wie der Ahrar al-Scham unvermindert weiter. Diese konnten bei Aleppo mit türkischer Unterstützung Anfang August neue Erfolge gegen die Truppen Assads und deren russische Luftunterstützung erzielen. Eine wirkliche Entfernung Ankaras aus dem Dunstkreis der NATO steht nicht auf der Tagesordnung. Der türkische Verteidigungsminister Fikri Isik jedenfalls betonte, dass der »Umbau« des türkischen Militärs nach dem Putschversuch gemäß der NATO-Regeln erfolgen werde. Isik sagte: »Der Umbau zielt darauf ab, den Mechanismus abzuschaffen, der sechs kleine und große Staatsstreiche in den vergangenen sechzig Jahren hervorgebracht hat.« Die Schritte, die jetzt unternommen würden, entsprächen voll und ganz der Struktur und dem Geist der NATO. Und auch wenn die Türkei jetzt ihr Personal bei der NATO austauscht, so erhebt sie doch den Anspruch, die Posten mit neuen Leuten selbst wieder zu besetzen. Eine wirkliche Krise innerhalb der NATO ist also allem Anschein nach weit entfernt.

So verwundert es nicht, dass die Bundesregierung an der türkischen Invasion in Syrien nichts auszusetzen hat. Angela Merkel kommt gar das zweifelhafte Verdienst zu, sich als erste in der NATO für die türkische Idee einer Pufferzone in Syrien starkgemacht zu haben, während die Amerikaner sich bis zu Bidens Ankara-Besuch hier skeptisch zeigten.

Am Morgen des 16. Juli hatte ich getwittert: »Gut, dass der Putsch gescheitert ist, aber jetzt droht die Diktatur.« Ich wünschte, ich hätte mit dieser Prognose nicht recht behalten, aber alles, was nun folgen sollte, lässt sich nur schwerlich anders lesen.

7 Erdogans Staatsputsch

Die Gegenmaßnahmen Erdogans nach dem Putschversuch können in der Summe nur als lange geplante Hexenjagd qualifiziert werden. Denn selbst wenn man alle Spekulationen und Ungereimtheiten der Ereignisse um den Putschversuch beiseitelässt, so deuten gerade die langen Namenslisten der zu Entlassenden und zu Verhaftenden auf die Durchführung eines lange vorbereiteten Plans für einen Staatsstreich des türkischen Präsidenten selbst hin. Anders ist es nicht zu erklären, dass unmittelbar nach dem Putschversuch eine in der türkischen Geschichte beispiellose Gleichschaltung einsetzte, dass zehntausende Staatsbedienstete entlassen oder suspendiert wurden. Dazu kommen Massenverhaftungen, bei denen mehr als 10 000 Bürger festgenommen wurden, darunter 131 Journalisten. Viele der inhaftierten mutmaßlichen Erdogan-Gegner wurden nach Angaben von Amnesty International offenbar systematisch vergewaltigt und gefoltert. Selbst der sonst völlig unbedarfte EU-Erweiterungskommissar Johannes Hahn musste öffentlich fragen, ob diese Verhaftungs- und Entlassungslisten praktisch über Nacht entstanden sein konnten.

Die Reaktion der Bunderegierung hingegen auf den offensichtlichen Staatsstreich und die massenhaften Gewalttaten Erdogans ist selbst in diesem Fall denkbar unterwürfig. Außenminister Frank-Walter Steinmeier etwa betonte, »dass bei der Aufklärung des Putschversuchs Rechtsstaatlichkeit, Augenmaß und Verhältnismäßigkeit gewahrt werden müssen« – und das, nachdem das AKP-Regime bereits Verhaftete mit blau geschlagenen oder mit Blut verschmierten Gesichtern im Fernsehen vorgeführt hatte. Zur Verhängung des Ausnahmezustands durch Erdogan ließ sich Steinmeier gar zu der Äußerung per Pressemitteilung hinreißen, er setze sich dafür ein, »dass der Ausnahmezustand auf die unbedingt notwendige Dauer beschränkt und dann unverzüglich beendet wird«. Eine wirkliche Kritik an den in der Türkei mit Lichtgeschwindigkeit auf eine Diktatur zusteuernden Verhältnissen jedenfalls sieht sicherlich anders aus.

Auch bei Bundeskanzlerin Angela Merkel war kein wirklicher Wille zu verzeichnen, ein deutliches Zeichen gegen die Zuspitzung in der Türkei zu setzen. Viele finden diese Haltung der Bundesregierung mehr als geschmacklos. So forderte der Vorsitzende des Deutschen Richterbundes, Jens Gnisa, einen Stopp der EU-Beitrittsverhandlungen. Der Jurist ließ sich mit einem zwar diplomatisch formulierten, aber doch harten Angriff auf Merkel und Steinmeier zitieren: »Die Bundesregierung erweckt bislang nicht den Eindruck, dass sie sich mit letzter Konsequenz für den Erhalt des Rechtsstaates und einer unabhängigen Justiz in der Türkei einsetzen will.« Die politischen Reaktionen der Bundesregierung seien »eher lau« ausgefallen.

Während ich selbst in der ZDF-Sendung *Maybrit Illner* die Forderung nach Sanktionen gegen Erdogan erhob und insbesondere auf ein Einreiseverbot und auf ein Einfrieren seiner Auslandskonten drang – eine Forderung, der sich wenige Tage später auch der Grünen-Vorsitzende Cem Özdemir anschloss –, schickte die Kanzlerin wieder einmal ihren unvermeidlichen Volker Kauder los. Der Fraktionschef der Union sollte die Diskussion über ein »Machen statt Mahnen« im Fall Türkei abwürgen und den Christdemokraten Handlungslosigkeit verordnen. Er lehnte es rundheraus ab, Sanktionen gegen die türkische Regierung zu verhängen. Vielmehr, so Kauder, solle die EU gegenüber Ankara »auf die wirtschaftlichen Abhängigkeiten zwischen der Türkei und der EU hinweisen«. Hier würde für die türkische Regierung einiges auf dem Spiel stehen. Wenn auch etwas durchsichtig, war das doch von Seiten der Union eine erstklassige Beerdigung aller Initiativen. So nimmt es denn auch nicht wunder, dass mich nach der *Illner*-Sendung zu Erdogans Putsch zahlreiche positive Zuschriften gerade auch christdemokratischer Wähler erreichten, die sich von ihrer Partei in Sachen Erdogan nicht mehr vertreten fühlen. Einer schrieb mir: »Ich bin sicher kein Anhänger der Linkspartei, sondern aus dem Unionsspektrum, jedoch sind Ihre Positionen und die von Fr. Wagenknecht mit der Forderung nach Sanktionen und gegebenenfalls Abzug der Bundeswehr aus der Türkei mehr als gerechtfertigt.« Ein anderer: »Keine Ahnung, was unsere Kanzlerin hat und warum sie an der Türkei festhält. Sie kriecht Erdogan und der USA förmlich in den Hintern – aber sie hat nur einen Kopf dafür. Leider wird sie nächstes Jahr für ihren eigensinnigen Weg abgestraft – gestehe, bin kein Linker und habe sie damals gewählt, was ich heute nicht mehr tun würde, wie einige Bekannte und Freunde von mir.«

Während es also die Bundesregierung bei mahnenden Worten belässt, finden in der Türkei »Säuberungen« (Originalton Erdogan) statt, die den gesamten Staatsapparat umfassen und keineswegs nur auf Armee und Polizei beschränkt sind. Diese Säuberungen suchen aufgrund ihres Umfangs in der türkischen Geschichte ihresgleichen. Nach Angaben aus dem Präsidentenpalast in Ankara wurden allein in der ersten Woche nach dem Putschversuch 10 410 Verdächtige bei Razzien festgenommen. Unter den 7 423 verhafteten Armee-Angehörigen befanden sich 162 Generäle – fast die Hälfte der Generalität. Festgenommen wurden zudem mehr als 2014 Richter und Staatsanwälte sowie 287 Polizisten und 686 Bürger ohne nähere Berufsbezeichnung.

Die Säuberungswelle wirkt auch indirekt fort: Jeder noch im Amt verbliebene Richter und Staatsanwalt weiß genau, dass er ebenfalls suspendiert wird, wenn seine Entscheidungen in Gerichtsverfahren nicht im Sinne Ankaras ausfallen.

Mit Verhängung des Ausnahmezustands verfügte Erdogan per Dekret, dass Verdächtige bis zu dreißig Tage in Polizeigewahrsam gehalten werden können, bislang mussten sie binnen vier Tagen einem Haftrichter vorgeführt werden. Nur Stunden nach Verhängung des Ausnahmezustands setzte die Türkei übrigens die Europäische Menschenrechtskonvention teilweise außer Kraft.

Die staatlich organisierte Hexenjagd umfasst alle Bereiche. Nach Angaben der staatlichen Nachrichtenagentur Anadolu wurden selbst 245 Beamte des Sportministeriums und 492 des staatlichen Religionsamtes Diyanet vom Dienst suspendiert. Insgesamt mehr als 50 000 Beamte wurden suspendiert, darunter rund 21 000 Lehrerinnen und Lehrer, knapp 1 600 Dekane privater und staatlicher Universitäten zum Rücktritt aufgefordert. Das Verteidigungsministerium gab bekannt, dass auch alle Militärstaatsanwälte und -richter durchleuchtet werden würden. Der Hochschulrat untersagte Dienstreisen des gesamten Wissenschaftspersonals ins Ausland. Das Reiseverbot umfasste auch die Ehepartner und Kinder der Akademiker. Im Ausland lehrende Akademiker ohne zwingenden Aufenthaltsgrund wurden aufgefordert, baldmöglichst in die Türkei zurückzukehren. Selbst Stipendiaten der deutschen Goethe-Institute traf der Erlass.

Zu diesen Säuberungen kommt eine totale Gleichschaltung von Medien und gesellschaftlichen Institutionen. Gleich in den ersten Tagen von Erdogans Gegenputsch wurde 24 Rundfunk- und Fernsehanstalten die Lizenz entzogen. Dutzende Nachrichtenportale im Internet wurden gesperrt. Gegen 42 Journalisten wurde Haftbefehl erlassen, darunter gegen die prominente Regierungskritikerin und frühere Abgeordnete Nazli Ilicak. Sie war 2013 wegen kritischer Berichterstattung über einen Korruptionsskandal von der regierungsnahen Zeitung *Sabah* entlassen worden. Ilicak und auch Bülent Mumay, Kolumnist der *FAZ* und bis Ende 2015 Onlinechef der Tageszeitung *Hürriyet*, wurden verhaftet. Haftbefehle wurden zudem gegen 47 frühere Mitarbeiter der regierungskritischen Zeitung *Zaman* erlassen. Neben leitenden Angestellten waren auch einige Kolumnisten der Zeitung betroffen, die früher zur Hizmet-Bewegung des islamischen Predigers Fethullah Gülen gehört hatte und im März 2016 von Erdogan unter Zwangsverwaltung gestellt worden war. Insgesamt fast 130 Medienbetriebe will die türkische Regierung schließen. »Hier wird eine Agenda abgearbeitet«, schlussfolgerte ARD-Korrespondent Michael Schramm am 28. Juli. Per Dekret ordnete Erdogan schließlich die Schließung von tausend Privatschulen sowie von 1 229 Wohltätigkeitsorganisationen und Stiftungen, 19 Gewerkschaften, 15 Universitäten und 35 medizinischen Einrichtungen an. Ihnen allen werden Verbindungen zu Gülen vorgeworfen, den Erdogan für den Putschversuch vom 15. Juli verantwortlich macht. Nichts und niemand in der Türkei ist mehr sicher.

Noch schlimmer allerdings ist die Terrorisierung auf der Straße. Während die AKP-Granden behaupten, für die normalen Menschen würde sich durch den Ausnahmezustand nichts verändern, bedeutet diese Aussetzung von Grundrechten und Demokratie beispielsweise, dass es anlasslose Kontrollen gibt. So dringen Zivilpolizisten in die Wohnungen von Journalisten ein. Wer früher als Journalist schon einmal mit Erdogan und Co. in Konflikt gekommen ist, taucht unter oder versucht ins Ausland zu flüchten. Menschen werden von türkischen Sicherheitskräften auf offener Straße angehalten, ihre Handys werden überprüft. Sie werden mitgenommen und festgenommen, wenn sie mit etwas erwischt werden, das Erdogan-kritisch ist. Für die

Hexenjagd werden aber nicht nur die Ordnungskräfte, sondern wird die gesamte AKP-Anhängerschaft eingespannt. So gab es einen Aufruf an alle türkischen Staatsbürger, bei einer Hotline im Präsidialamt in Ankara mögliche Erdogan-Gegner anzuzeigen. Es ist also nicht das Volk, das sich auf den Straßen und Plätzen unter türkischen Fahnen versammelt, wie die AKP uns suggeriert, sondern es sind Erdogans von ihm selbst und seiner Partei mobilisierten Anhänger. Der andere Teil bleibt zunehmend zu Hause, weil er Angst hat, verhaftet zu werden. Erdogan ruft zur Hexenjagd auf. Und dieser Aufruf wird befolgt.

Nach dem Putsch bekommt jeder Handybesitzer SMS vom »Oberkommandanten«, wie Erdogan nunmehr heißt. Die Jubelmärsche für den Präsidenten werden als »Fest der Demokratie« verklärt. Auf dem Blog Netzpolitik.org beschreibt der Journalist Dennis Mehmet die perfide Stimmungsmache: »Während jede noch so kleine Demonstration gegen die politischen Ziele der Regierung mittlerweile mit sofortigen, unerbittlich brutalen Polizeimaßnahmen rechnen muss (Wasserwerfer und gepanzerte Fahrzeuge sind seit den Gezi-Protesten von 2013 an den zentralen Punkten von Istanbul und anderen großen Städten in ständiger Bereitschaft), sind die Straßen in Ankara in diesen Tagen großzügig für die Demonstranten gesperrt. Die Fahrt mit den öffentlichen Verkehrsmitteln ist kostenlos. Der rote Halbmond ist da und verteilt Wasser. Die Stadtverwaltung von Ankara spendiert Zopf mit Nüssen und Rosinen.« Erdogans Konterfei leuchte »heroisch von sämtlichen LCD-Werbetafeln in der ganzen Stadt« über dem Slogan »Unser Volk ist der Sieger«. Die Botschaft sei klar, so Mehmet: »Das Volk, das ist kein pluralistisches Bündnis mutiger Bürgerinnen und Bürger, die sich einem antidemokratischen Angriff des Militärs entgegengestellt haben. Das Volk sind die Untertanen des Oberkommandanten. Wer nicht hinter ihm steht, ist Putsch-Sympathisant oder, wie es seit Tagen nur noch heißt: ›Verräter‹. Waren die Feindbilder, die die

AKP an die Wand malte, bisher wenigstens noch klar benannt, erst als ›Vesayet‹ (Bevormundung), dem Ancien Regime der Kemalisten, dann als ›Gülenci‹, den Anhängern des Predigers Fethullah Gülen, kann ein ›Verräter‹ alles sein. Alles, was dem Oberkommandanten nicht passt. Nie war die Hegemonie der AKP-Ideologie erdrückender.«

Ähnlich besorgt äußerte sich Selahattin Demirtas, Vorsitzender der prokurdischen Oppositionspartei HDP, im Interview mit *Zeit Online* am 23. Juli: »Dieser Putschversuch hat die Türkei in eine totale Hysterie versetzt. Diese Hysterie an der Spitze des Staates hat die Gesellschaft angesteckt. In einer solchen Situation kann jeder jederzeit als Putschist beschuldigt werden. An den beiden anderen Oppositionsparteien, der MHP und der CHP, kann man gerade beobachten, dass diese Sorge das Handeln bestimmt, so wie die sich gerade neben die Regierung stellen.«

Zur Hexenjagd der AKP gehört auch die Einschüchterung von Minderheiten. Unmittelbar nach dem Putschversuch wurden in türkischen Städten Büros der prokurdischen Oppositionspartei HDP von AKP-Schlägertrupps angegriffen – und dies, obwohl die HDP den Putschversuch von Anfang an klar verurteilt hatte. Polizisten geleiteten AKP-Anhänger, die mit Messern, Säbeln und Knüppeln bewaffnet waren, in die Viertel, in denen vor allem Aleviten wohnen, um diese einzuschüchtern. »Nach dem Putsch gab es in einigen Provinzen Angriffe auf unsere Büros«, berichtete HDP-Chef Demirtas in *Zeit Online* weiter. »Einige Gruppen in Malatya und Hatay, die aus Protest gegen den Putschversuch auf die Straße gegangen waren, haben alevitische Viertel angegriffen. Zum Glück ist bislang nichts Schlimmeres passiert. Aber diese IS-mäßigen, fundamentalistischen Gruppen, die sich der Unterstützung der Regierung wähnen, könnten weiter verrohen und versuchen, Kurden, Aleviten, Linke und andere zu lynchen.« Die in Göttingen ansässige Gesellschaft für bedrohte Völker warnte nach dem Putsch vor dem zunehmenden Druck auf Aleviten und auf Minderheiten in der Türkei. Tausende Aleviten seien nach Angaben des Nahostreferenten Kamal Sido inzwischen festgenommen worden oder hätten ihre Arbeit verloren. Die »streng islamische Regierung« unter Erdogan unterstelle allen Angehörigen der Glaubensgemeinschaft, mit den Putschisten zu sympathisieren. Zehn alevitische Kulturvereine in unterschiedlichen Städten seien demnach verboten und zudem mehrere Angriffe auf Aleviten gemeldet worden. Die »von Islamisten unterwanderte türkische Polizei« biete den Mitgliedern der Religionsgruppe in der Regel keinen Schutz. »Das System Erdogan stellt eine tödliche Gefahr nicht nur für oppositionelle Türken, sondern vor allem für diejenigen Volksgruppen dar, die sich dem islamistischen System nicht unterordnen wollen.«

Aber auch der islamistische Alltagsterror hat massiv zugenommen. Frauen werden auf offener Straße von selbsternannten Religionspolizisten bedrängt und gefragt, warum sie kein Kopftuch tragen. Das sind Szenen, wie man sie eigentlich nur aus der Frühphase der islamistischen Diktatur im Iran kennt.

Zu dieser Hexenjagd gehört ferner das rigorose Vorgehen gegen Akademiker. Alle Akademiker wurden – wie bereits erwähnt – nach dem Putschversuch mit einem Ausreiseverbot belegt. Ein befreundeter Professor in Deutschland berichtete mir, dass sich seine Erdogan-kritischen türkischen Kollegen nicht mehr offen und nur noch sehr einsilbig äußerten, wenn er sie nach der jetzigen Situation befrage. Er habe den Eindruck, dass dies bereits das Ergebnis massiver Einschüchterung sei.

Bereits früher waren Akademiker ins Fadenkreuz der AKP gelangt, im Januar 2016 etwa alle Wissenschaftler, die den Aufruf »Akademiker für den Frieden« unterzeichnet und damit den Krieg gegen die Kurden im Südosten der Türkei kritisiert hatten. Sie wurden entlassen und politisch verfolgt. Bei einer meiner Prozessbeobachtungen in Istanbul habe ich am Vormittag den *Cumhuriyet*-Chefredakteur Can Dündar beim Gang zum Gericht begleitet, am Nachmittag das Verfahren gegen vier Wissenschaftler verfolgt, die es gewagt hatten, Erdogans Kriegskurs anzuprangern. Diese Aktionen aber waren nur ein Vorgeschmack auf alles, was an Aktionen gegen Akademiker nach der Verhängung des Ausnahmezustands folgen sollte.

Es ist, als ob die AKP-Strategen sich als treue Leser des marxistischen Philosophen Antonio Gramsci erweisen wollten. Der Mitbegründer der Kommunistischen Partei Italiens hatte in den 1930er Jahren in seinen legendären *Gefängnisheften* darauf hingewiesen, dass in kapitalistischen Gesellschaften Herrschaft eben nicht nur durch bloßen Zwang ausgeübt werden würde, sondern auch durch eine Hegemonie in der »Zivilgesellschaft« und ihren Institutionen. Dazu aber zählen Bildungseinrichtungen wie Schulen und Universitäten. Die Säuberungen und Einschüchterungen von Akademikern sollen also gerade dazu dienen, diese kulturelle Hegemonie der AKP zu verfestigen. Es geht eben nicht um die Vorbeugung gegenüber einem weiteren Putsch von Gülen-Anhängern oder säkularen Kräften, sondern um die Errichtung einer islamistischen Diktatur, deren Bollwerke mit Gewalt und der absoluten Meinungshoheit in zentralen gesellschaftlichen Organisationen befestigt werden. Die Tatsache, dass dies auch Gewerkschaften in der Türkei umfasst, erinnert an den italienischen Faschismus. Anders als in Hitler-Deutschland waren von Benito Mussolini die Gewerkschaften nicht zerschlagen, sondern von Faschisten übernommen worden, um dann in den Arbeitskammern zusammen mit den Arbeitgeberverbänden beispielsweise gemeinsam Lohnkürzungen für die Arbeiter durchzusetzen.

Bereits vor der Verhängung des Ausnahmezustands fiel eine Gemeinsamkeit von Erdogans Türkei mit dem frühen italienischen Faschismus auf, worauf Cem Özdemir in der ARD-Talksendung *Maischberger* hingewiesen hatte. Der Grünen-Vorsitzende berichtete, dass er bei seinen Reisen in der Türkei auf informelle Sicherheitskräfte gestoßen war, langhaarige Typen mit Jeans, die schwer bewaffnet durch die Straßen zogen. Seine Nachfragen bei Polizisten ergaben, dass es gegen diese Typen überhaupt keine rechtsstaatliche Handhabe gäbe. Ganz offensichtlich haben wir es hier mit einer Art türkischem Squadrismus zu tun: mit bewaffneten faschistischen Einheiten, die Überfälle auf politische Gegner verüben oder, wie in den kurdischen Gebieten der Türkei, die Bevölkerung einschüchtern sowie als irreguläre Einheiten an den Kampfhandlungen teilnehmen, ohne dafür belangt zu werden. Eine dieser nicht-uniformierten Sondereinheiten sind die Esedullah Timleri. Sie »sind für ihre Brutalität berüchtigt«, war in der *FAZ* am 19. Juli 2016 über Erdogans Garde zu lesen. Sie seien »ein Teil des Mobs, nur mit einem klaren staatlichen Auftrag«.

Erdogan ist der Mann für den Bürgerkrieg, der ihm ein für alle Mal die Macht sichern soll. In diesem Krieg radikalisiert sich auch die islamistische Bewegung, die ihn, den unumstrittenen Führer, unterstützt. Gerade die irregulären Bürgerkriegseinheiten waren seine Stütze bei der Niederschlagung des Putschversuchs. Es ist zu erwarten, dass ihnen mit der Säuberung der Sicherheitskräfte eine noch größere Rolle zukommen wird. Terror, Angst und Einschüchterung sind ihre Methoden. Die Dynamik ihres Bedeutungszuwachses erklärt sich aus dem Bürgerkrieg im Südosten der Türkei, aber auch aus dem Verhältnis Erdogans zu den islamistischen Terrororganisationen im syrischen Bürgerkrieg: vom Islamischen Staat über den syrischen Al-Qaida-Ableger und turkstämmige Islamisten bis hin zur Ahrar al-Scham, die auch nach ihren Massakern an Hunderten syrischen Alawiten von der Türkei unterstützt wurde.

8 Der Pakt mit dem islamistischen Terrorismus

Um die Triebkräfte der Selbstradikalisierung der AKP und Erdogans zu verstehen, muss man sich dessen Beteiligung am Bürgerkrieg in Syrien vergegenwärtigen. Die Türkei mit ihrer bedingungslosen Unterstützung der Muslimbruderschaft in Tunesien, Libyen, Ägypten und Syrien[2] war für die USA neben Saudi-Arabien und Katar der entscheidende Bündnispartner, um den arabischen Frühling in aus ihrer Sicht kontrollierbare Bahnen lenken zu können. Die USA setzten seit Beginn der Unruhen und der Repressionsmaßnahmen in Syrien auf einen Sturz des Diktators Baschar al-Assad, mit dem sie viele Jahre eng zusammengearbeitet hatten und der ihnen als Reformer galt. Die Menschenrechtsverletzungen Assads dürften dabei nicht ausschlaggebend gewesen sein, sah sich Washington doch als enger Verbündeter von Regimen, die mit Sicherheit in der Region nicht als Horte von Demokratie und Rechtsstaatlichkeit gelten durften. Mit Assad verhielt es sich offenbar ähnlich wie mit dem irakischen Präsidenten Saddam Hussein. Gab es eine Zeit, in der die USA dessen brauchten und gegen den Iran bewaffneten oder um in Folge des Golfkrieges 1991 die Schiiten im Land in Schach zu halten, war 2003 die Zeit gekommen, wo sie aus geopolitischen Gründen auf einen Regimewechsel in Bagdad setzten. Die irrige Auffassung im Fall Syrien war wohl, Baschar al-Assad würde ähnlich schnell fallen wie Zine el-Abidine Ben Ali in Tunesien oder Hosni Mubarak in Ägypten. Deshalb setzte die Regierung Obama auch im Fall Syrien auf die Muslimbruderschaft und andere islamistische Gruppen. Von Beginn an förderte sie islamistische Gruppen als Alternative zu Assad, da diese dem säkularen Regime am feindlichsten gegenüberstanden. Die Rechnung ging nicht auf. Trotz aller Repressionen galt das Regime von Assad gerade für säkulare Syrer, für die religiösen Minderheiten der Alawiten, der Christen und Drusen, aber auch offenbar für viele Sunniten als Versicherung gegen islamistische Verfolgungswellen. Darauf weisen zumindest unabhängige Umfragen hin, wonach eine Mehrheit auf Assad als Präsidenten bei einer Wiederwahl setzen würde. Umso wichtiger war es für diejenigen, die sich als »Freunde Syriens« zusammentaten – darunter die USA, Deutschland und Frankreich, aber auch Saudi-Arabien und die Türkei –, die syrische Revolution, so sahen sie es, zu adoptieren.

Der Türkei kam hierbei von Anfang an eine Schlüsselrolle zu, weshalb auch Ankaras Bedeutung für die Entstehung des IS nicht unterschätzt werden darf. Waffen aber gingen auch an andere islamistische Schreckensverbreiter wie den Al-Qaida-Ableger Al-Nusra-Front und die Ahrar al-Scham. Davon wusste zumindest der BND, wenn man einem Report der öffentlich-rechtlichen Medien glauben darf. So berichtete das ARD-Magazin *Monitor* schon am 13. August 2015 unter Verweis auf ein Geheimpapier, die Bundesregierung habe mindestens seit Ende 2014 »Hinweise auf Waffenlieferungen Ankaras an Kräfte des bewaffneten Widerstands in Syrien«. Und weiter: »Empfänger sollen die Gruppierung Ahrar al-Scham bzw. die Islamische Front sein.«

Die Bundesregierung, der ja wiederum die BND-Berichte auch vorliegen mussten, sah darin keinen Anlass, ihre enge Partnerschaft zum NATO-Partner Türkei in Sachen Syrien in Frage zu stellen.

Als die USA wiederum zum IS auf Distanz gingen, da dessen Massaker an den kurdischen Jesiden, die zu Recht von der UNO als Völkermord untersucht werden, die Anti-Assad-Allianz zu sprengen drohten, lief der Nachschub für den IS weiter ungehindert über die Türkei. Was die anderen islamistischen Terrororganisationen und deren Förderung anging, gab es zwischen Washington und Ankara keine – zumindest keine öffentlichen – Zerwürfnisse. Viele Beobachter im Nahen und Mittleren Osten sahen und sehen diese Hilfe für die Halsabschneider und Verbrecher in Syrien sehr kritisch. Schon Ende Mai 2014, als ich als Teil der parlamentarischen Delegation mit Außenminister Frank-Walter Steinmeier den Libanon bereiste, sagten uns beim gemeinsamen diplomatischen Empfang mehrere libanesische Minister, dass die fortgesetzte Unterstützung zweifelhafter Kräfte durch den Westen Frieden und Sicherheit in der ganzen Region gefährden und bald auch in Europa zu Terroranschlägen führen würde. Dies bewog den deutschen Außenminister natürlich nicht, von seiner Haltung abzurücken

Schon damals lebten mehr als eine Million registrierte syrische Flüchtlinge im Libanon, der selber bloß vier Millionen Einwohner zählt. Der Zedernstaat ist damit weltweit das Land mit der höchsten Flüchtlingsquote pro Kopf. Dies hat zu einer völligen Überlastung der sozialen Infrastruktur geführt – insbesondere das Gesundheitssystem droht zu kollabieren. Die Krankenhäuser sind überfüllt, ebenso die Schulen. Immer öfter fallen Strom- und Wasserversorgung aufgrund der Überlastung aus. Zunehmende Spannungen zwischen syrischen Flüchtlingen und libanesischer Bevölkerung bedrohen nach Einschätzung der libanesischen Regierung die öffentliche Sicherheit.

Entgegen der öffentlichen Rhetorik beim Kampf gegen den IS beließen es die USA gegenüber dem IS-Helfer Türkei bei sanften Hinweisen. Die deutsche Außenpolitik folgte andächtig. Man bat Ankara lediglich, doch bitte dafür Sorge zu tragen, dass endlich die verbliebenen hundert Kilometer Grenze zwischen der Türkei und dem IS-kontrollierten Gebiet in Syrien geschlossen werde. Der überwiegende Teil der Grenze zum Nachbarland stand unter Kontrolle der Kurden, die den IS bekämpften, der syrischen Regierung oder islamistischer Kampfverbände, die dem IS feindlich gesinnt waren. Ankara aber hat die Grenze zum IS bis zum heutigen Tage nicht geschlossen. Als Argument, dessen sich im Gefolge der AKP im Januar 2015 auch der deutsche Innenminister Thomas de Maizière bediente, galt nur allzu oft das Märchen, die Grenze zu Syrien sei einfach zu lang und unübersichtlich. Dieses Argument geht aber nicht nur auf Dummenfang, weil 600 000 türkische Sicherheitskräfte nicht in der Lage sein sollten, hundert Kilometer Grenze zu überwachen. Es ist geradezu zynisch vor dem Hintergrund, dass dieselben Sicherheitskräfte es sehr wohl schafften, die 900 Kilometer Grenze zu den kurdisch kontrollierten Gebieten in Syrien zu schließen – und zwar so, dass nicht einmal humanitäre Güter, die hier besonders dringend benötigt wurden, ins Nachbarland passieren konnten. Am 20. Juli 2016 berichtete die französische Tageszeitung *Le Figaro*, dass die Türkei weiterhin Terroristen für den IS die Grenze nach Syrien passieren ließe. Nach Angaben des französischen Militärgeheimdienstes würden es etwa einhundert Dschihadisten pro Woche sein.

Selbst nach der türkischen Invasion in Syrien, die am 24. August 2016 begann und die sich angeblich auch gegen den IS richten soll, geht das unheimliche Doppelspiel Ankaras zu Gunsten der Terrororganisation weiter. So räumte der IS die Grenzstadt Jarablus vor dem Eintreffen der türkischen Panzer beinahe kampflos. In der Folge beteiligten sich islamistische Terrormilizen wie die Ahrar al-Scham, die an der Seite der Türkei im Norden Syriens mit eingefallen waren, gemeinsam mit dem IS an Angriffen auf das von Kurden kontrollierte Gebiet um die syrische Stadt Manbij westlich des Euphrats. An den sicherheitspolitischen Prioritäten Erdogans jedenfalls scheint sich nichts geändert zu haben. Allein, die türkische Generalität, die noch vor dem Putsch Erdogans vehement gegen eine Invasion in Syrien plädiert hatte, änderte nun ihre Meinung und befürwortete den Einmarsch. Die Unterstützung islamistischer Terrorgruppen durch Erdogans Türkei in Syrien wurde auch dadurch erleichtert, dass sich die Al-Nusra-Front am 28. Juli 2016 offiziell von Al-Qaida lossagte und sich den griffigen Namen »Eroberungsfront der Levante« gab. Dies sollte offensichtlich helfen, internationale Kritik an der Unterstützung islamistischer Terrormilizen in Aleppo, als deren organischer Teil die Al-Nusra-Front agiert, zu besänftigen, auch wenn sich an der Praxis der Kriegsverbrechen wie der Tötung von Zivilisten und an der Wahl der Terrormittel nichts geändert hat.

Dieser fortgesetzte Pakt Erdogans mit den islamistischen Terrorgruppen in Syrien hat ungeheure und ungeheuerliche Folgen für die türkische Innenpolitik. In zahlreichen Städten des Landes befanden sich Rekrutierungsbüros für islamische Terrorgruppen oder wurden verwundete IS-Kommandeure in türkischen Krankenhäusern auf Staatskosten behandelt. »Türkische Behörden unterstützen salafistische Terror-Kämpfer weit stärker als bisher bekannt«, berichtete etwa der *Focus* im Juli 2014. So gebe es im städtischen Krankenhaus in Kilis eine eigene abgeschirmte Abteilung für dreißig bis vierzig radikalislamische Syrien-Krieger. Nach der Behandlung könnten die Dschihadisten, so wie alle anderen Dschihadisten auch, ungehindert über die türkische Grenze in die Kampfgebiete zurückkehren, meldete das Magazin unter Berufung auf Geheimdienstkreise. Neben einem IS-Kommandeur soll dort auch der deutsche Salafist Denis Cuspert, der als Rapper Deso Dogg bekannt wurde, eine Schussverletzung auskuriert haben. Die türkische Oppositionspartei CHP wiederum verbreitete ein Foto von einem in Syrien bei Gefechten verletzten IS-Kommandeur, der am 16. April 2014 in einem Krankenhaus im südosttürkischen Hatay kostenlos behandelt worden sein soll. Zudem, kritisierte die Opposition, hätten Dschihadisten in Gästehäusern des Amtes für Religiöse Angelegenheiten in der Türkei gewohnt.

»In Verhören bezeugen gefangen genommene Dschihadisten die Unterstützung aus Kreisen der türkischen Regierungspartei AKP und des Geheimdienstes MIT«, berichtete die *Junge Welt* am 1. Juli 2016. »Es existieren sogar Tonmitschnitte, welche die freundschaftliche Kooperation zwischen türkischem Militär und einem IS-Kommandeur per Funk dokumentieren.« Ärzte aus der türkisch-syrischen Grenzregion hätten gegenüber der Tageszeitung immer wieder bestätigt, dass in Syrien verletzte Islamisten in türkischen Krankenhäusern wieder kriegsfit gemacht worden seien. Berichte über Waffen- und Munitionslieferungen an IS und Co. gibt es seit Jahren. Zur Erinnerung: Weil die Zeitung *Cumhuriyet* 2015 Bild- und Videomaterial über eine solche illegale Kriegsbeihilfe Ankaras veröffentlicht hatte, wurden ihr Chefredakteur Can Dündar und der Hauptstadtbüroleiter Erdem Gül im Frühjahr 2016 zu mehrjährigen Haftstrafen verurteilt.

Wie das Onlineportal *Telepolis* am 25. Februar 2015 berichtete, bildet die Türkei für viele der internationalen Dschihadisten nicht nur das Transitland. Das NATO-Mitglied fungiere auch als »Durchlauferhitzer«. So würden unter den in der Türkei lebenden tschetschenischen Emigranten massiv IS-Kämpfer angeworben. Die meist muslimischen Tschetschenen, die vor dem Bürgerkrieg in ihrer zur Russischen Föderation gehörenden nordkaukasischen Heimat geflohen sind, würden von den türkischen Behörden in der Regel geduldet, hätten aber keinen gesicherten Aufenthaltstitel. Sie lebten also meist in der ständigen Angst vor Abschiebung. »Nicht alle Tschetschenen gehen freiwillig nach Syrien. Einige gingen gegen ihren Willen. Sie werden vor die Alternative Syrien oder Abschiebung gestellt«, zitiert das Newsportal einen jungen Tschetschenen, dessen Onkel Medet Onlu einer der Sprecher der tschetschenischen Gemeinde in der Türkei war, bevor er 2014 in seinem Büro in Ankara ermordet wurde. Die türkische Polizei ging dem Bericht zufolge zunächst davon aus, dass hinter dem Anschlag ein russischer Geheimdienst stecken könnte. »Doch jetzt hat die Familie die Behörden aufgefordert, auch in Richtung IS-Unterstützer zu ermitteln. Onlu war zwar ein tschetschenischer Nationalist, habe sich aber für einen moderaten Islam ausgesprochen und die IS-Anwerbeversuche öffentlich bekämpft«, berichtete *Telepolis* weiter.

Im April 2016 hat Halk Meclisleri, ein zivilgesellschaftlicher Friedensrat, in der Stadt Hatay einen Bericht über die Auswirkungen der türkischen Syrien-Politik auf die Region veröffentlicht. In Deutschland ist der Report vom Webportal *Labournet* verbreitet worden. Während Flüchtlinge keinen Zugang mehr hätten zu wirklichem Schutz, würde IS-Kämpfern und anderen dschihadistischen Gruppen de facto Immunität zugestanden. Ein namentlich nicht genannter Beamter des türkischen Innenministeriums berichtete: »Wenn ein Mitglied des IS festgenommen wird, werden keine rechtlichen Schritte eingeleitet – obwohl die Sicherheitskräfte in der Regel über die Zugehörigkeit zum IS im Bilde sind und eine Einordnung als ausländischer terroristischer Kämpfer erfolgt. Normalerweise gibt es darüber keine Dokumentation. Es geht darum, solche Leute schnell wieder loszuwerden, sie ohne Probleme abschieben zu können.« Wenn bekannt sei, dass die Person zum IS gehöre, dann werde sie entweder in ihr Heimatland abgeschoben oder, wenn sie sich weigere, in einen Drittstaat. »Wenn es zu riskant ist, einen ausländischen terroristischen Kämpfer in sein Heimatland zurückzuschieben – wie es bei Russland der Fall ist –, werden sie in ein anderes Land geschickt«, berichtet der Ministeriumsmitarbeiter weiter. »Dschihadisten aus der Russischen Föderation, zumeist Tschetschenen, werden in die Ukraine überstellt. Einige werden auch nach Malaysia oder Jordanien abgeschoben.« Die Überstellung ausländischer terroristischer Kämpfer wird dem Report zufolge vom türkischen Geheimdienst MIT durchgeführt. Chinesische Staatsbürger uigurischer Herkunft aus »Ostturkestan« – gemeint ist damit das Uigurische Autonome Gebiet Xinjiang in China – erhalten demnach oft türkische Ausweise und werden in die zentraltürkische Provinz Kayseri geschickt.

Wie der Friedensrat von Hatay weiter berichtet, sind in der Vergangenheit von türkischen Behörden aufgegriffene, nicht registrierte syrische Flüchtlinge zurück ins Nachbarland abgeschoben worden, wo sie von islamistischen Gruppen in Empfang genommen und als »menschliche Schutzschilde« missbraucht wurden. Am Grenzübergang Cilvegözü warten demnach auf der syrischen Seite Ahrar al-Scham und Al-Nusra auf die abgeschobenen Syrerinnen und Syrer. Die weiteren Angaben der zivilgesellschaftlichen Kräfte von Hatay sind recht präzise: »Ahrar al-Scham kontrolliert den Grenzübergang Bab al-Hawa. Al-Nusra ist die zweite vorherrschende Kraft in der Region. Einige Kilometer nördlich in dem Gebiet, das von den beiden mehr oder weniger von Al-Qaida inspirierten Gruppen kontrolliert wird, befindet sich das Lager Atme. Das Lager, nur einen Steinwurf entfernt vom Dorf Bükülmez im türkischen Reyhanli, wächst kontinuierlich und ist auf dem besten Weg, zu einer richtigen Stadt zu werden. Der türkische Staat und islamistische NGOs haben für dieses und andere Camps in Idlib nahe der Grenze geworben.«

Im Endeffekt stelle sich die Lage so dar, dass der türkische Staat die weitere Aufnahme syrischer Kriegsflüchtlinge verweigere und sie stattdessen zum Verbleib in von Dschihadisten kontrollierten Gebieten auf syrischer Seite zwinge. »Dieses Vorgehen bringt nicht nur Erleichterung der ›Flüchtlingslast‹ für die Türkei. Sondern die Flüchtlinge werden als menschliche Schutzschilde für Dschihadisten missbraucht, die von der russischen und syrischen Armee angegriffen werden«, so die Schlussfolgerung des Friedensrates von Hatay. In dessen Report heißt es weiter: »Im Februar war mit Unterstützung der türkischen Regierung zwischen Hatay und Kilis ein neuer Korridor für Dschihadisten entstanden: Dschihadisten reisen vom syrischen Idlib nach Hatay, von wo aus sie nach Kilis weitertransportiert werden. Von dort aus waren 2000 Dschihadisten – mit ihren Waffen – wieder nach Syrien eingereist, diesmal in die Region nördlich von Aleppo. Die Regierung hat diese Anschuldigungen niemals abgestritten.«

Die dschihadistisch-geheimdienstliche Bande sorgte nicht nur für eine anhaltende Destabilisierung Syriens und eine permanente Eskalation des Bürgerkrieges, auch in der Türkei selbst wurde eine eigene Stay-Behind-Struktur geschaffen, die mit einer Strategie der Spannung mit eigenen Anschlägen wie in Suruc oder in Ankara die Eskalation beförderte. Letztlich nutzten sie Präsident Erdogan, weil der sich als Garant von Sicherheit und Ordnung inszenieren konnte.

Inzwischen darf es als unbestritten gelten, dass während des Kalten Krieges die NATO und die militärischen Geheimdienste ein koordiniertes Netzwerk von Geheimarmeen unterhielten, das auch in der Türkei aktiv war. Die von den USA geführte Militärallianz hatte nach dem Zweiten Weltkrieg in allen Ländern Westeuropas geheime Armeen aufgebaut. Diese wurden von den US-amerikanischen und britischen Geheimdiensten CIA und MI6 trainiert. Sie sollten im Fall einer sowjetischen Invasion »hinter den Linien« als Guerilla kämpfen. Aber dabei blieb es nicht. Die Stay-Behind-Truppen haben Attentate gegen die eigene Bevölkerung durchgeführt, um Unsicherheit zu schüren und Stimmung für einen starken Staat zu machen. Am berüchtigtsten wurde der italienische Ableger, der unter dem Namen »Gladio« operierte.

Die französische Monatszeitung *Le Monde diplomatique* (10. Juli 1998) hat enthüllt, dass in der Türkei eine solche staatliche

Terrorgruppe noch lange nach der Auflösung der Sowjetunion operierte. Sie firmierte dort unter dem Namen »Kontra-Guerilla«. Maßgebliches Mitglied soll der Faschist und Heroinhändler Abdullah Catli gewesen sein, der auch großen Einfluss in der rechtsextremen Gruppierung Graue Wölfe gehabt habe. Der eine oder andere Leser wird sich noch an den politischen Skandal erinnern, ausgelöst durch den Tod des Terroristen bei einem Verkehrsunfall 1996 in der Türkei. Catli, damals wegen Mordes mit Haftbefehl in der Türkei und auch von Interpol gesucht, hatte einen vom damaligen Innenminister Mehmet Agar persönlich unterschriebenen Reisepass bei sich, der ihn als Staatsbeamten auswies. Mit in seinem Wagen saßen Sedat Edip Bucak, ein Parlamentsabgeordneter der Regierungspartei, sowie der stellvertretende Polizeichef von Istanbul und eine ehemalige Schönheitskönigin. Nur Bucak, Chef der gegen die kurdische PKK operierenden sogenannten Dorfschützereinheiten, überlebte. Im Unfallwagen fand die Polizei typisches »Arbeitsgerät« von Killerkommandos, darunter mehrere Handfeuerwaffen mit Schalldämpfern. Der damalige Innenminister verlor im Zuge der Affäre seinen Posten, eine parlamentarische Untersuchung enthüllte den »tiefen Staat«, die Zusammenarbeit zwischen Politik, Militär, Geheimdiensten und dem organisierten Verbrechen. Diese Kooperation existiert auch heute noch, wie Berichte über das organisierte Agieren paramilitärischer Gruppen gegen Andersdenkende im Zuge von Erdogans Gegenputsch im Sommer 2016 belegen.

Während die IS-Anschläge auf Linke und Demokraten zu einem offiziellen Linienwechsel der türkischen Außenpolitik führten und Ankara nun neben der PKK auch den IS als Gegner behauptet, gingen sporadische Bombardierungen von IS-Stellungen im Irak und in Syrien mit dem erwähnten Offenhalten der Grenze entlang der von Islamisten kontrollierten Gebiete einher. Zu einer wirklichen Wende kam es gegenüber dem IS erst, als die Anschläge zunehmend auch Touristen ins Visier nahmen und so das wirtschaftliche Rückgrat der Türkei zu beschädigen drohten. Trotzdem versucht die Türkei weiterhin den Spagat, diese Strukturen innenpolitisch für sich zu nutzen. Und diese Rechnung Erdogans ging auf, denn beim Putschversuch war seine islamistische Stay-Behind-Organisation Esedullah Timleri sofort zur Stelle, wie die *FAZ* am 19. Juli 2016 eindrücklich berichtete. Lynchmorde an türkischen Soldaten gehörten dabei wie selbstverständlich zum Einsatz der Terrortruppen.

Für die deutsche Bundesregierung war der Flüchtlingspakt mit der Türkei der Anlass, die bereits enge polizeiliche, geheimdienstliche und militärische Zusammenarbeit weiter zu intensivieren. In der ZDF-Sendung *Maybritt Illner* kam es am 21. Juli 2016 einem Hilferuf gleich, als Sebastian Fiedler vom Bund Deutscher Kriminalbeamter die enge Zusammenarbeit mit Ankara anprangerte und vor dem Austausch von Daten mit dem sehr unsicheren Kantonisten warnte.

Wie die Bundesregierung auf eine Kleine Anfrage der Linksfraktion im März 2016 antwortete (Bundestagsdrucksache 18/7798), ist an eine Intensivierung der Kooperation deutscher und türkischer Behörden gedacht. Ziel sei, die bisherige »gute Zusammenarbeit« mit Ankara »weiter auszubauen, zu vereinfachen und zu beschleunigen«. Ungeachtet des repressiven Kurses von Erdogan ist an eine Intensivierung der bilateralen Kooperation gedacht. Die jüngsten Anschläge in Istanbul, Ankara, Suruc und Diyarbakir bestätigten die »große und dringende Notwendigkeit, die Zusammenarbeit im Kampf gegen den Terrorismus in all seinen Formen und Facetten, einschließlich des sog. Islamischen Staates (IS), der Arbeiterpartei Kurdistans (PKK), der Revolutionären Volksbefreiungspartei-Front (DHKP-C) und anderen, zu vertiefen«. Im deutschen und türkischen Innenministerium wurden eigens zwei »Sherpas« benannt, also Spitzenbeamte, die den gedeihlichen Austausch zwischen Berlin und Ankara voranbringen und der jeweiligen »Hausleitung zu den erzielten Fortschritten« berichten sollen. Die Frage, ob die Bundesregierung ausschließen könne, »dass Erkenntnisse des Bundesamtes für Verfassungsschutz oder des Bundesnachrichtendienstes, die diese aus der Kooperation mit dem Bundesamt für Migration und Flüchtlinge gewonnen haben (Hinweise auf bestimmte Asylsuchende durch die Datenübermittlung im Rahmen der Sicherheitszusammenarbeit, Hinweise aus Asylanhörungen, eigene Befragung Asylsuchender etc.), auf dem Weg der Kooperation mit türkischen Nachrichtendiensten dorthin gelangt sind oder in Zukunft gelangen können«, ist auf die übliche ausweichende Art »beantwortet« worden: »Die Übermittlung personenbezogener Daten durch das Bundesamt für Verfassungsschutz und den Bundesnachrichtendienst an TUR Behörden erfolgt nach den gesetzlichen Übermittlungsvorschriften (vgl. § 19 Absatz 3 BVerfSchG sowie § 9 Absatz 2 BND-G).«

Die Zusammenarbeit Erdogans mit islamistischen Terrororganisationen und deren zunehmende Bedeutung in der türkischen Innenpolitik schien und scheint den deutschen Innenminister Thomas de Maizière im Hinblick auf die Öffentlichkeit nicht zu stören. Im Gegenteil. De Maizière ist Merkels Mann fürs Grobe, das gilt erst recht für die Türkei. Unter seiner Federführung intensivierte Deutschland die sicherheitspolitische Zusammenarbeit mit einem Land, das sich immer schneller in Richtung islamistische Diktatur bewegt und das auf islamistische Terrorstrukturen zur Lösung innenpolitischer Probleme setzt. De Maizière kann sich auch deshalb nicht mit guten Argumenten gegen den Vorwurf verteidigen, er gefährde durch seine Kooperation mit den Sicherheitsapparaten Erdogans die Sicherheit der Bevölkerung in Deutschland – gerade auch angesichts der von der ARD veröffentlichten vertraulichen Antwort der

Bundesregierung auf eine Anfrage der Linksfraktion, in der die Türkei als »zentrale Aktionsplattform für islamistische Gruppierungen der Region des Nahen und Mittleren Ostens« eingestuft wird.

9 Miteinander in der NATO

Sicher, die Türkei war seit ihrem Beitritt zum Nordatlantikpakt 1952 immer einer der schwierigen NATO-Partner. Gleichwohl war das Land nicht nur wichtig, um die Südflanke des Bündnisses zu decken, sondern auch als geostrategische Region mit Ausstrahlungskraft in Richtung Naher und Mittlerer Osten. Bereits nach den Terroranschlägen 2001 errichteten die USA im südtürkischen Incirlik ihren wichtigsten Militärstützpunkt für ihre Kriege in Afghanistan und im Irak. Dabei war die Basis nie eine NATO-Basis, sondern eine gemeinsam mit der türkischen Luftwaffe betriebene Einrichtung, auf der nicht zuletzt US-Atomwaffen lagern, die im Kriegsfall auf Befehl des US-Präsidenten im Rahmen der nuklearen Teilhabe der NATO für die Türkei freigegeben werden können. Incirlik nahm dann auch ab Januar 2016 für die Beteiligung Deutschlands im Krieg gegen den IS eine zentrale Rolle ein.

Aber schon zuvor unterstützte Berlin die Türkei im Syrien-Krieg durch die Stationierung von Patriot-Abwehrraketen und rund 260 Bundeswehrsoldaten auf dem etwa 160 Kilometer von der syrischen Grenze entfernt gelegenen Stützpunkt in Kahramanmaras. Die Türkei hatte den Beistand im November 2012 angefordert, nach einer Reihe zweifelhafter Vorfälle, bei denen die Verantwortung der syrischen Seite zugeschoben wurde. Mit den Patriots beabsichtigte das Land, so die offizielle Begründung in Ankara, seine Grenze zu Syrien zu schützen.

Das zu stationierende Flugabwehrsystem solle lediglich der Verteidigung der Grenzen dienen und nicht die Errichtung einer Flugverbotszone oder einen sonstigen Angriff zum Ziel haben, so formulierte es die Türkei in ihrem Brief an die NATO. Die Bundesregierung erklärte daraufhin auf eine Kleine Anfrage der Linksfraktion zu Sinn und Zweck der Mission: »Die Verstärkung der NATO-Luftverteidigung in der Türkei erfolgt auf Bitten der Türkei zum Schutz der türkischen Zivilbevölkerung und des türkischen Staatsgebietes gegen eine potentielle Bedrohung vor allem durch syrische ballistische Kurz- und Mittelstreckenraketen. Die Türkei selbst verfügt nicht über für diese Zwecke geeignete Fähigkeiten. In der NATO verfügen nur Deutschland, die Niederlande und die Vereinigten Staaten von Amerika über Patriot-Systeme, die zur Abwehr von taktischen ballistischen Raketen optimiert wurden. Vor diesem Hintergrund stellt die Stationierung von Patriot-Systemen einen relevanten Beitrag zur Verbesserung der Sicherheit der Türkei dar.« (Bundestagsdrucksache 17/11980)

Der Bundeswehreinsatz war hierzulande nicht populär. Und so wurde die Öffentlichkeit in Deutschland seinerzeit ungewöhnlich ausführlich über den Prozess der Truppenverlegung informiert. Nach dem Entsendebeschluss des Bundestages führte die Bundeswehr vor Pressevertretern extra noch ein Manöver der Flugabwehrraketengruppe 21 aus Sanitz durch. Am 8. Januar 2013 wurden zwei Dutzend Soldaten, etwa 300 Fahrzeuge und 130 Container in Lübeck-Travemünde auf den Frachter *Suecia Seaways* verladen und am 20. Januar auf dem militärischen Teil des Flughafens Berlin-Tegel 240 Soldaten verabschiedet. Immer wieder war von einem »symbolischen Einsatz mit überschaubarem Risiko« die Rede.

Doch der »symbolische Einsatz« führte schneller als erwartet zu Gewalt. Vor der deutschen Botschaft in Ankara, vor der Luftwaffenbasis Incirlik und in Kahramanmaras kam es zu Protesten gegen den NATO-Einsatz. Die türkischen »Sicherheitskräfte« setzten Schlagstöcke, Pfefferspray und Tränengas ein, nahmen Dutzende Demonstranten fest. In Iskenderun wurden deutsche Soldaten in Zivil »angepöbelt und bedrängt«, so dass sie sich in ein naheliegendes Geschäft flüchten mussten. Somit offenbarte dieser »symbolische« Einsatz die Gräben in der türkischen Gesellschaft und vertiefte sie weiter. Zwar sollen auch Kemalisten und Islamisten gegen den NATO-Einsatz demonstriert haben, im Kern waren es jedoch linke und kurdische Gruppen, die sich von der Patriot-Stationierung bedroht fühlten, die der Repression der Sicherheitskräfte ausgesetzt waren und die den AKP-Anhängern, die diese verteidigten, gegenüberstanden.

Weiter angeheizt wurde die Situation zudem durch das immer massivere Vorgehen der Freien Syrischen Armee (FSA) gegen die von Kurden kontrollierten Gebiete in Syrien unmittelbar an der Grenze zur Türkei. Dabei setzten die Aufständischen auch Panzer ein, die höchstwahrscheinlich aus der Türkei stammten und deren Einsatz von Ankara zumindest geduldet wurde. Die vermeintlich symbolischen NATO-Truppen in der Türkei – neben Deutschland hatten auch die Niederlande und die USA Patriot-Einheiten ins Land verlegt – müssen vor diesem Hintergrund als Rückendeckung für die weitere Militarisierung und Ausweitung des Konfliktes in Syrien verstanden werden.

Der regierungsnahe Thinktank Stiftung Wissenschaft und Politik (SWP) in Berlin ging ungewohnt hart mit dem Beschluss der Bundesregierung zum Patriot-Einsatz und der Zustimmung des Bundestages hierzu ins Gericht: »Die unterstellte Bedrohung des türkischen Territoriums durch Syrien existiert derzeit nicht. Und für eine Reaktion auf jenes Szenario, das dem Westen die größten Sorgen bereitet – ein Chemiewaffeneinsatz durch Assad –, sind die Patriot-Raketen gemäß Mandat nicht nutzbar.«

Die Legitimation für den Einsatz war zudem äußerst zweifelhaft. Der Granatenbeschuss türkischen Territoriums im Herbst

2012 konnte ebenso wenig zweifelsfrei der syrischen Armee zugeschrieben werden wie später etwa die Urheberschaft für das verheerende Attentat in der türkischen Grenzstadt Reyhanli, bei dem im Mai 2013 etwa fünfzig Menschen getötet wurden, Assads Geheimdienst. Auch der angebliche Abschuss eines türkischen Kampfflugzeugs über internationalem Luftraum durch die syrische Luftabwehr im Juni 2012 habe so wahrscheinlich nicht stattgefunden, vermeldete die ARD. Ein geheimer NATO-Bericht jedenfalls wecke starke Zweifel an der Version der Türken. Trotzdem schloss sich die Bundesregierung den offiziellen Versionen des NATO-Partners an und legte dem Bundestag ein Mandat für die Entsendung vor, das genau auf diesen zweifelhaften Tatsachenbehauptungen Ankaras beruhte.

Die »symbolische« Bündnissolidarität bestärkte die Türkei jedoch in ihrer Funktion als »Kettenhund der NATO«, wie ich seinerzeit in einem Kommentar geschrieben hatte. Zur Erinnerung: Nach dem Beschluss des NATO-Rates zur Patriot-Stationierung hatte Anders Fogh Rasmussen, der damalige Generalsekretär der NATO, ein entschiedeneres Vorgehen gegen den Iran angemahnt. Diese geopolitische Konstellation jedenfalls spiegelte sich auch in den türkischen Debatten. Der Politikwissenschaftler Fikret Birdisli, Vizedekan an der Sütcü-Imam-Universität in Kahramanmaras, bekundete im Interview mit dem Deutschlandfunk: »Wir dürfen nicht vergessen, dass das syrische Regime von Russland, dem Iran und auch China unterstützt wird. Angesichts dieses Blocks, dem sich die Türkei gegenüber sieht, ist die Unterstützung der NATO für uns von großer Bedeutung.« Linke und Kurden sahen das freilich ganz anders. Der »symbolische Beitrag« der NATO in der Türkei war ein trauriges Beispiel dafür, wie Bürgerkriege internationalisiert und innergesellschaftliche Konflikte ins Räderwerk der Geopolitik geraten können. Der deutsche Patriot-Einsatz wurde erst im Oktober 2015 eingestellt, nachdem auch die USA ihr diesbezügliches Engagement beendet hatten. Washington und Berlin waren nicht mit der Bombardierung der PKK durch die Türkei einverstanden, zumindest nicht in diesem Maße, brauchten sie doch die PKK in Syrien und im Irak, da sie gerade die Kraft war, die sich dem IS am entschiedensten entgegenstellte.

Beim weiteren Kampf gegen den IS glaubte man allerdings den NATO-Partner Türkei wieder zu brauchen. So löste nur kurze Zeit später die Mission gegen den IS die Patriot-Raketen ab. Die neuerliche deutsche Truppenentsendung in die Türkei erfolgte in Reaktion auf die Terroranschläge in Paris vom 13. November 2015. Der Bundestag hatte am 4. Dezember beschlossen, Frankreich und die internationale Koalition gegen den IS auch militärisch zu unterstützen. Insgesamt bis zu 1 200 Soldaten wurden zunächst für die auf ein Jahr befristete Operation Counter Daesh mobilisiert. Vor allem aber wurden sechs Tornado-Jets der Luftwaffe nach Incirlik verlegt, die von dort aus zu Aufklärungsflügen über Syrien und den Irak starten. Außerdem steuert die Bundeswehr ein Tankflugzeug des Typs Airbus A310 MRTT bei. »Der deutsche Beitrag dient der Unterstützung der internationalen Allianz zum Kampf gegen die Terrororganisation ›IS‹ und zur Unterstützung Frankreichs durch die Bereitstellung von Luftbetankung, Aufklärung (insbesondere luft-, raum- und seegestützt), Schutz in einem Flugzeugträgerverband und Stabspersonal zur Unterstützung«, begründete die Bundesregierung die Truppenentsendung in die Krisenregion.

In Berlin wusste man freilich ganz genau, dass der Bündnispartner in Ankara zu den Förderern des IS gehört. Guido Steinberg, Nahost-Experte des bereits erwähnten regierungsnahen Thinktanks SWP, wusste jedenfalls von einem »regen Grenzaustausch« von IS-Kämpfern über die türkisch-syrische Grenze im Gebiet um die Region Kobane (Ain al-Arab) zu berichten. Die Bundesregierung wollte die Angaben auf Nachfrage »aus Gründen des Staatswohls nicht offen« bestätigen. Ihr diesbezügliches Wissen hat sie als »Verschlusssache« eingestuft.

Wir als Linke haben die Beteiligung am sogenannten Krieg gegen den Terror immer abgelehnt. Dessen Bilanz seit 2001 mit vielen Tausenden von Toten in Afghanistan, Irak, Libyen, Jemen oder Pakistan zeigt: Krieg hat den Terror nicht eingedämmt oder gar beseitigt, sondern immer noch mehr Terror hervorgerufen. Mit jedem getöteten Zivilisten wächst die Empörung gegen den Westen, jeder Drohnenangriff hat neue Autobomben- und Selbstmordattentate zur Folge. Aus anfänglich vielleicht tausend Terroristen sind Hunderttausende geworden. Der deutsche Kampfeinsatz gegen den IS in Syrien erfolgt ohne erkennbares Ziel und ohne absehbares Ende. Eine Lösung für das ausgeblutete Land ist nicht in Sicht. Gleichzeitig ist die Terrorgefahr in Deutschland gestiegen.

Incirlik macht aus der Türkei so etwas wie einen unsinkbaren Flugzeugträger für NATO-Staaten. Von hier starteten auch noch im Sommer 2016 die Recce-Aufklärungstornados der Bundeswehr, um Bilder für den Luftkrieg der Koalition der Willigen gegen den IS zu liefern. Die von der Bundeswehr erhobenen Daten gehen dann an ein Luftwaffen-Einsatzzentrum in Katar, wo sie 19 Staaten der Anti-IS-Koalition zur Verfügung gestellt werden. Darunter sind nicht nur Mitglieder der NATO wie die Türkei, sondern auch arabische Länder wie Saudi-Arabien, Katar selber und die Vereinigten Arabischen Emirate. Um zu verhindern, dass die Türkei diese Luftbilder für Angriffe auf die syrischen Kurden nutzt, erklärte Verteidigungsministerin Ursula von der Leyen, dass in diesem Falle ein deutscher Stabsoffizier sein Veto einlegen würde. Insgesamt aber gab es keine Garantie, dass diese Daten nicht auch von der Türkei für ihre eigenen Interessen genutzt wurden, hat Ankara doch an einer wirklichen Bekämpfung des IS gar kein Interesse, sondern eher am Krieg gegen seine eigenen Gegner. Auf die Frage der Linksfraktion, ob eine Verwendung der Tornado-Daten für türkische Angriffe auf kurdische Stellungen in Syrien denn ausgeschlossen werden kann, antwortete das Verteidigungsministerium im März 2016 offen und ehrlich: »Die Aufklärungsergebnisse werden mit dem Freigabevermerk ›For Counter-Daesh Operation only‹ (nur für die Anti-IS-Operation) versehen. Grundsätzlich wird im vertrauensvollen Miteinander mit den Partnernationen davon ausgegangen, dass diese sich an diese zweckgebundene Verwendung der Aufklärungsergebnisse halten.« Die Versicherung der Bundesregierung beruht also im Wesentlichen auf dem Vertrauen, das sie der türkischen Regierung entgegenbringt. Dies ist entweder total naiv oder völlig verantwortungslos, denn die bisherigen Praktiken Ankaras lassen diesen Vertrauensvorschuss in keiner Weise zu.

Aus Sicht der Bundesregierung ist Deutschland auf die Türkei eben nicht nur wegen des Flüchtlingsdeals, sondern auch wegen deren geostrategischer Lage angewiesen. Das war am deutlichsten nach der Resolution des Bundestages zur Anerkennung des Völkermords an den Armeniern zu sehen. So untersagte die türkische Regierung Mitte Juli 2016 dem Parlamentarischen Staatssekretär Ralf Brauksiepe und mehreren Bundestagsabgeordneten den Besuch der deutschen Soldaten in Incirlik. Auch eine Reise der deutschen Verteidigungsministerin in die türkische Hauptstadt und auf die Luftwaffenbasis änderte nichts an dem Verbot. Zuletzt bemühte sich Bundeskanzlerin Merkel in einem persönlichen Gespräch mit dem türkischen Staatspräsidenten Erdogan auf dem NATO-Gipfel in Warschau um eine Aufhebung. Vergebens. Das ist ein überaus gravierender Vorgang. Aus eigener Erfahrung weiß ich, dass sich die AKP-Spitze regelmäßig über die Bundeskanzlerin und ihre Willfährigkeit lustig machte. Sie dürfte auch im Fall des Besuchsverbots für die deutschen Parlamentarier regelrecht darüber gefeixt haben, dass die Bundesregierung bereit war, dies einfach hinzunehmen. Vor seinen Anhängern bewies Erdogan Stärke, und die AKP-Öffentlichkeit in der Türkei jubelte, dass er wieder einmal die Deutschen am Nasenring durch die Manege zog. Damit nahm die deutsche Außenpolitik endgültig die Rolle des Bittstellers gegenüber Erdogan ein.

Innenpolitisch aber ist der Vorgang noch einschneidender. Die Bundeswehr ist aus guten historischen Gründen als Parlamentsarmee konzipiert, der gegenüber der Bundestag starke Kontrollrechte innehat. Dazu gehört auch das Recht von Abgeordneten, die Bundeswehrsoldaten zu besuchen – umso mehr, wenn sie sich in einem Auslandseinsatz befinden, denn einer Entscheidung des Bundesverfassungsgerichts zufolge hat die zwingende Zustimmung des Bundestages zur Entsendung bewaffneter Streitkräfte quasi Verfassungsrang. Aber die Türkei hat über Wochen eine Besuchserlaubnis für deutsche Abgeordnete bei der Bundeswehr in Incirlik von einem »Entgegenkommen« im Streit um die Völkermord-Resolution abhängig gemacht. »Wenn Deutschland die notwendigen Schritte unternimmt, werden wir den Besuch ermöglichen«, offerierte Außenminister Mevlüt Cavusoglu ein bizarres Tauschgeschäft. Wer aber versuche, so Ankaras Spitzendiplomat, die türkische Geschichte zu verfälschen, werde keine Erlaubnis für einen Besuch der Basis erhalten.

Die Entscheidung der Bundesregierung, die deutschen Soldaten weiterhin in der Türkei zu belassen, obwohl sie von Abgeordneten nicht besucht werden können, muss man als glatten Verfassungsbruch werten. Die Bundesregierung serviert dem türkischen Präsidenten damit noch zusätzlich den Status der Bundeswehr als Parlamentsarmee auf dem Silbertablett. Angela Merkel wird deshalb nicht zu Unrecht bezichtigt, für geopolitische Interessen Grundrechte zu opfern. Eine der Lehren aus der Niederlage des deutschen Militarismus 1945 wird schlicht entsorgt. Der Einsatz der Bundeswehr aber, der aus vielen Gründen einfach unhaltbar war – angefangen von dem fragwürdigen

Bombenkrieg der »Koalition der Willigen« mit vielen zivilen Opfern bis hin zur möglichen Nutzung der von der Bundeswehr erhobenen Luftbilddaten durch die Türkei für Angriffe auf die syrischen Kurden –, war jetzt vollends aus dem Ruder gelaufen. In Nibelungentreue stand die Kanzlerin zum Standort Incirlik, auch nachdem während des Putschversuchs auf der Basis der Strom abgeschaltet wurde, der Kommandant wegen Putschbeteiligung in Haft genommen und die Frage ernsthaft diskutiert wurde, wie sicher die Atomwaffen auf der Basis noch sind.

Die Erpressungspolitik Ankaras spielt selbst bei der Konzeption des nächsten NATO-Einsatzes, der die Türkei unterstützen soll, eine entscheidende Rolle. Bei den Planungen für den AWACS-Einsatz zur Luftraumüberwachung für den Kampf gegen den IS wird nunmehr erwogen, nicht den türkischen Stationierungsort Konya zu nehmen, sondern nach Griechenland oder Süditalien auszuweichen, da Bundeswehrsoldaten rund ein Drittel der Mannschaften der AWACS-Flugzeuge stellen. Auch dieser Einsatz, der angeblich der Bekämpfung des IS dient, kann von Erdogan dazu genutzt werden, wichtige Informationen für den Krieg gegen die Truppen Assads oder die Kurden in Syrien zu generieren. Dass dieser Einsatz auch nach dem Putsch Erdogans zur Unterstützung der NATO im Nahen und Mittleren Osten über die Bühne gehen soll, zeigt, wie weit sich die NATO-Wirklichkeit von jeder Art der Selbstverpflichtung auf Demokratie und Rechtsstaatlichkeit im 21. Jahrhundert entfernt hat. Mit dem Trick, die Aufklärungsflugzeuge zwar vor allem über der Türkei fliegen zu lassen, sie aber in einem anderen NATO-Land zu stationieren, verhöhnen die NATO-Offiziellen gemeinsam mit Erdogan den Deutschen Bundestag aus Rücksicht auf die Völkermordleugnung der türkischen Regierung.

Im September 2016 sollte die Berliner Unterwerfungspolitik im Zusammenhang mit der Bundestagsresolution zur Anerkennung des Völkermords an den Armeniern und dem in der Folge verweigerten Besuchen von Bundestagsabgeordneten in Incirlik noch einmal eine völlig neue Dimension annehmen. So setzte die Bundesregierung eine faktische Distanzierung von der Bundestagsresolution durch ihren Sprecher Steffen Seibert in Szene. Seibert betonte in der Bundespressekonferenz am 2. September 2016, dass die Resolution rechtlich nicht verbindlich sei, und machte sich sogar den Sprachgebrauch der türkischen Seite gegen die Anerkennung des Völkermords zu eigen. Die Türkei jedenfalls begrüßte vor allem die Aussage Seiberts, »dass den Gerichten die Entscheidung obliegt, was Völkermord ist – und nicht dem Parlament«. Alle Erklärungen der Bundesregierung, es handele sich bei dieser Einlassung keineswegs um eine Distanzierung, sind gerade auch vor diesem Hintergrund wenig glaubhaft. In türkischen Medien wurde über eine konkrete Absprache Erdogans mit der Bundesregierung berichtet, um nach einer Relativierung der Resolution Bundestagsabgeordneten die Einreise nach Incirlik zu ermöglichen. Und so kam es. Ankara gab grünes Licht. Rainer Arnold, der verteidigungspolitische Sprecher der SPD-Bundestagsfraktion, jubelte, dass es nun Parlamentsdelegationen wieder erlaubt werden solle, die Bundeswehrsoldaten zu besuchen. Allein, nach dem Preis wurde nicht mehr gefragt. Es darf wohl als einmaliger Vorgang in der bundesrepublikanischen Geschichte gewertet werden, dass sich eine Bundesregierung, um sich das Wohlwollen eines Despoten zu erhalten, von einer nahezu einstimmig gefassten Resolution eines über ihr stehenden Verfassungsorgans distanziert. Wie man den Eiertanz um die genauen Formulierungen der Bundesregierung hierzu auch werten mag, unstrittig dürfte sein, dass hier ein neuer Höhepunkt der Kotaupolitik erreicht wurde. Selbst den Deutschen Bundestag war die Bundesregierung bereit zu opfern, von denjenigen Abgeordneten, die in der Folge der Resolution durch den Angriff von Erdogan Morddrohungen türkischer Faschisten und Islamisten ausgesetzt sind, ganz zu schweigen. Als

Fußnote mag in diesem Zusammenhang zusätzlich die Investition von 58 Millionen Euro zum Ausbau von Incirlik für die Bundeswehr durch die Bundesregierung gelten.

Der abscheuliche Pakt von Union und SPD mit Erdogans Türkei ist allerdings noch auf einem ganz anderen Gebiet innerhalb der NATO spürbar. Und dies ist der ganze Komplex der Rüstungshilfe und der deutschen Waffenexporte. Im April 2016 hatte ich mit einer Kleinen Anfrage wissen wollen: »Inwieweit vertritt die Bundesregierung die Auffassung, dass die polizeiliche, justizielle und militärische Zusammenarbeit mit der Türkei in ihrer Gesamtheit die rechtsstaatliche und demokratische Entwicklung des Landes in den letzten fünf Jahren befördert hat?« Und ich erhielt folgende deutliche Antwort: »Die Bundesregierung betrachtet eine Zusammenarbeit mit anderen Staaten auf den in der Frage genannten Feldern als eine Möglichkeit, die rechtsstaatliche und demokratische Entwicklung in diesen Staaten zu fördern und somit einen positiven Einfluss auf die innenpolitische Entwicklung zu nehmen. Als NATO-Bündnispartner leistet die Türkei in enger Nachbarschaft zu den Konfliktregionen des Nahen und Mittleren Osten einen substanziellen Beitrag zur bündnisgemeinsamen Verteidigung. Darüber hinaus ist die Türkei ein wichtiger Partner Deutschlands in Bereichen wie der Terrorismusbekämpfung und der kontrollierten Migration. Insofern hat die Bundesregierung Interesse an einer engen Zusammenarbeit mit der Türkei auf oben genannten Feldern und geht davon aus, dass dies die rechtsstaatliche und demokratische Entwicklung des Landes grundsätzlich befördert.« (Bundestagsdrucksache 18/8581)

Deshalb erklärte sich die Bundesregierung auch klar gegen jede Einschränkung bei für Repression und Folter nutzbaren Gütern: »Verbote der Ausfuhr von zur internen Repression verwendbarer Ausrüstung in einen Drittstaat sind eine restriktive Maßnahme, mit der die EU in der Vergangenheit auf schwerwiegende Menschenrechtsverletzungen in der Islamischen Republik Iran reagiert hat. Entsprechende Ratsbeschlüsse zu Saudi-Arabien und der Türkei bestehen nicht.« Und deshalb heißt es für die Bundesregierung: freie Fahrt.

Die Zusammenarbeit im sicherheitspolitischen Bereich ist nicht unbeträchtlich. So genehmigte die Bundesregierung in den Jahren 2013, 2014 und 2015 Waffenlieferungen in die Türkei in Höhe von insgesamt rund 195,5 Millionen Euro, die Ausfuhr von Dual-Use-Gütern in einem Gesamtwert von rund 410,7 Millionen Euro und die Lieferung von Ausrüstungen, die in der Anti-Folter-Verordnung aufgeführt werden, in Höhe von 420 887 Euro. Dabei fallen auch Lieferungen ins Auge, die direkt für die Aufstandsbekämpfung genutzt werden können. So konnte die Bundesregierung im April nicht ausschließen, dass die an die türkische Polizei in den Jahren von 2010 bis 2012 gelieferten 600 Scharfschützengewehre der Modelle Steyr SSG 08 und SSG 04 sowie die an die türkischen Streitkräfte gelieferten HK G28 in den mehrheitlich von Kurden bewohnten Gebieten im Rahmen der sogenannten Terrorbekämpfungsmaßnahmen eingesetzt werden. Trotz der UN-Berichte über Massaker türkischer Sicherheitskräfte an der kurdischen Zivilbevölkerung zog man sich in Berlin auf die Position zurück, man habe »die türkische Regierung mehrfach dazu aufgerufen sicherzustellen, dass die türkischen Sicherheitskräfte in ihrem Vorgehen gegen Kämpfer der Terrororganisation PKK verhältnismäßig vorgehen und rechtsstaatliche Vorgaben einhalten«. Ob die türkische Regierung diesem Aufruf gefolgt war, dazu wollte die Bundesregierung in ihrer Antwort auf meine Kleine Anfrage jedoch nichts berichten.

Man könnte meinen, dass sich noch jede Bundesregierung so gegenüber der Türkei verhalten habe. Aber weit gefehlt. 1992 wurden von einer schwarz-gelben Bundesregierung unter Helmut Kohl die Waffenexporte nach Berichten über ein Massaker der türkischen Sicherheitskräfte in Cizre gestoppt. Zehntausende hatten sich am Newroz-Tag in verschiedenen Städten der Türkei versammelt und gegen die Kurdenpolitik Ankaras protestiert. Ohne Vorwarnung schossen Armee und Polizei in Cizre in die Menge. Mindestens fünfzig Tote und mehrere hundert Verletzte waren die bittere Bilanz des Protesttages. Die türkische Regierung verhängte den Ausnahmezustand. Ihre Partner in Bonn setzten in Reaktion auf das brutale Vorgehen in den kurdischen Gebieten die Lieferung von Rüstungsgütern aus.

Der Spiegel berichtete damals in seiner Ausgabe vom 6. April 1992 ausführlich über den »Krach unter Freunden«. Ankara schäumte vor Wut, warf der Bundesregierung Heuchelei und Großmannssucht vor: »›Schwein – Schwein – Schwein‹, stammelte atemlos in deutschen Lettern das Boulevardblatt *Meydan*, nachdem Bonn vorletzte Woche die Waffenlieferungen an den NATO-Verbündeten gesperrt hatte. Für die Istanbuler Tageszeitung *Hürriyet* verkörperte Außenminister Hans-Dietrich Genscher das Böse: Auf einer Karikatur stellt er sich schützend, mit Hitlergruß und Hakenkreuz-Armbinde, vor einen bewaffneten kurdischen Separatisten. Als Dienst am Leser rückte das Blatt fertig formulierte Protestschreiben in Türkisch und Deutsch ein: nur noch zu unterschreiben und abzuschicken ans Auswärtige Amt, Bonn.«

Was unter Kohl noch möglich war, ist unter Merkel unmöglich geworden. Was die Rüstungsexporte angeht, so verstetigt sich allerdings der Eindruck, dass der größte Gegner jeder Beschränkung von Waffenexporten im Wirtschaftsministerium sitzt. Vizekanzler Sigmar Gabriel (SPD) ist jedenfalls bisher nicht damit aufgefallen, Waffenlieferungen in die Türkei unterbinden zu wollen.

Wer meint, der Putsch Erdogans hätte keine Konsequenzen für die NATO selbst, könnte sich getäuscht sehen. Ankara hat in den vergangenen Jahren in der Militärallianz eine geschickte

Personalpolitik betrieben. Die Zustimmung zu einem dänischen NATO-Generalsekretär, nämlich Anders Fogh Rasmussen (2009 bis 2014), hat sich Erdogan nach dem Streit um die Veröffentlichung der Mohammed-Karikaturen in Dänemark teuer abhandeln lassen. An entscheidender Stelle in den militärischen Strukturen, aber auch in höchsten politischen Ämtern wie etwa als ziviler Repräsentant der NATO in Afghanistan sitzen türkische Generalstabsoffiziere bzw. türkische Diplomaten. Auch deshalb wäre es eine Illusion zu glauben, die NATO selbst würde sich durch die Mitgliedschaft einer Türkei auf dem Weg zur islamistischen Diktatur nicht verändern. Nicht nur die NATO-Charta, die das Militärbündnis offiziell auf die Prinzipien von Demokratie und Rechtsstaatlichkeit verpflichtet, würde verletzt werden. Auch das Selbstbild des Nordatlantikpakts als »Wertegemeinschaft« – ein Bild, das fortwirkt, obwohl man auch im Kalten Krieg mit Putschisten nie größere Probleme hatte, Hauptsache, sie hielten ihre Staaten bei der Stange – würde weiteren Schaden nehmen.

Auf Dauer hätte eine verantwortungsbewusste Bundesregierung bei einer Mitgliedschaft einer diktatorisch regierten Türkei nur die Möglichkeit, wenigstens die militärischen Strukturen zu verlassen und auf eine Auflösung des Militärpakts zu dringen. Schließlich werden innerhalb der NATO sensible Sicherheitsinformationen ausgetauscht. Es wäre gefährlich, wenn man die Sicherheit der Bevölkerung in Deutschland mit in die Hände eines Terrorpaten legen würde.

10 Die ökonomische Achse Berlin-Ankara

Wenn der CDU/CSU-Fraktionschef Volker Kauder sich vor die Bundeskanzlerin stellt, um das Abwiegeln und Wegducken zu rechtfertigen, spielen sowohl der Flüchtlingsdeal, gekoppelt an die sechs versprochenen EU-Milliarden für Erdogan und die verheißene Visafreiheit, als auch das geopolitische Interesse an der Türkei innerhalb der NATO-Partnerschaft eine entscheidende Rolle. Doch auch die engen Wirtschaftsbeziehungen beider Länder sowie die Bedeutung der Türkei als Markt und für den Kapitalexport deutscher Unternehmen sind ein nicht zu unterschätzender Grund für die devote Haltung der Bundesregierung. Die guten Profite deutscher Konzerne in der Türkei will Berlin selbstverständlich nicht gefährden. Auf der anderen Seite ist gerade der Kapitalexport deutscher Unternehmen entscheidend für das Wirtschaftsmodell der AKP gewesen – und er ist es noch. Bei allen Lobpreisungen über das Wachstum des türkischen Bruttosozialprodukts in den vergangenen Jahren wurde im Westen gern übersehen, dass dieses Modell auf tönernen Füßen steht. Dabei konnte man zwar auf eine geringe Verschuldungsrate in Höhe von nur dreißig Prozent des Bruttoinlandsprodukts (BIP) bauen, die strukturellen Probleme sehen allerdings nicht anders aus als in den angeschlagenen Volkswirtschaften Südeuropas. So ist die türkische Wirtschaft geprägt durch ein massives Handels- und Leistungsbilanzungleichgewicht von 4,4 Prozent des BIP jährlich. Weltweit im

Vergleich der Hitliste der Handelsdefizite kommt die Türkei auf einen stolzen 5. Platz mit einem Handelsminus von 63,3 Milliarden US-Dollar.

Diese Schlagseite des hohen Wirtschaftswachstums konnte Ankara nur ausgleichen durch die Privatisierung der Daseinsvorsorge und vormals staatlicher Produktions- und Dienstleistungszweige. Diesen Ausverkauf bezeichnete nicht nur Erdogan als das wirtschaftliche Erfolgsmodell der Türkei. Im April 2016 erklärte er:»Als wir im Jahr 2002 an die Macht kamen, herrschte in der Türkei der Etatismus. Wir haben dieses Verständnis beiseitegelegt und uns darum bemüht, den Privatsektor zu stärken. Nachdem der Staat sich von der Wirtschaft fernhielt, gab es einen großen Aufschwung. Wir haben Privatisierungen verwirklicht, die es in der Geschichte der Türkei nicht gegeben hat.« In diesem Punkt hat er ausnahmsweise einmal nicht übertrieben.

Nachdem die AKP die Regierung übernommen hatte, verordnete sie dem Land einen neoliberalen Schub, der bis heute noch nicht beendet ist. Allein in den sieben Jahren von 2002 bis 2009 verkauften die türkischen Regierungen frühere Staatsunternehmen im Wert von 28,5 Milliarden US-Dollar – mehr als das Dreieinhalbfache der Privatisierungen in den 16 Jahren zuvor. In einem»Notfallaktionsplan« machte Erdogan mit seinen Ministern im Jahr 2003 klar, dass sich der türkische Staat auf Kernbereiche wie Bildung, Gesundheit, das Justizwesen und den Sicherheitsbereich beschränken werde.

Vor allem türkische Privatkonzerne sind seit Anbeginn der AKP-Regentschaft durch günstige Privatisierungen ehemaliger Staatskonzerne stark gewachsen. Die Koc-Gruppe, eines der größten privaten türkischen Familienunternehmen, die stark exportorientiert ist und weltweit über 85 000 Mitarbeiter beschäftigt, riss sich 2005 den staatlichen Erdölkonzern Türpas unter den Nagel. Aber auch ausländische Konzerne sind nicht zu kurz gekommen. General Electric etwa erwarb über 25 Prozent an der Turkiye Garanti Bankasi, der größten türkischen Bank. Die Deutsche Bank kaufte das Wertpapieraufbewahrungs- und Abwicklungsgeschäft der Garantiebank. Zwanzig Prozent der Akbank wiederum gingen an die Citigroup. Flankiert wurde diese Privatisierungsstrategie von der EU-Kommission und der Europäischen Bank für Wiederaufbau und Entwicklung (EBWE). Die EBWE förderte sogar direkt türkische Privatunternehmen wie den Stahlerzeuger Erdemir, die durch den Einkauf staatlicher Stahlproduzenten unter der AKP-Regierung erst stark geworden waren. Mit einer Jahresproduktion von 8,5 Millionen Tonnen ist der 2005 privatisierte Stahlkonzern Branchenprimus in der Türkei.

Es ist insgesamt bemerkenswert, dass für die EBWE, die 1991 gegründet wurde, um den Aufbau der Marktwirtschaft in Osteuropa zu unterstützen, die Türkei 2015 bei 195 Projekten mit 1,9 Milliarden Euro weltweit der Top-Investitionsplatz war. Die meisten ihrer Projekte finanzierten Aktivitäten privater Unternehmen oder öffentlich-private Partnerschaften. 2010 hatte das EBWE-Engagement in der Türkei lediglich bei knapp 500 Millionen Euro gelegen. In den vergangenen Jahren stieg es nahezu explosionsartig an. Typisch ist beispielsweise das Projekt der Unterstützung der riesigen privaten Agrarkonzerne in der Türkei. Am 22. Juli 2016 vermeldete die EBWE stolz die Vergabe eines fünfzig Millionen Euro umfassenden Kredits an das Obst- und Fruchtsaftunternehmen Anadolu Etap, der zu einem der größten Privatkonzerne in der Türkei, Anadolu-Grubu, gehört. Die Gelder dienten der Unterstützung des türkischen Obstanbaus, wie es hieß, und sie gingen an die laut Eigenwerbung größte Obstfarm in der Türkei. Im Governeursrat der EBWE wacht der deutsche Finanzminister Wolfgang Schäuble über die korrekte Mittelvergabe. Im Direktorium, das für den konkreten Geschäftsbetrieb zuständig ist, sitzen gleich zwei Deutsche: Horst Reichenbach für die EU, auch bekannt geworden als Leiter der EU-Task-Force, die ab 2011 in Griechenland die von der Troika verlangten Strukturreformen durchsetzen sollte, und Klaus Stein, ein Finanzbeamter, der sich seine Meriten als Exekutivdirektor beim IWF verdient hatte, bis Wolfgang Schäuble ihn 2011 ins deutsche Finanzministerium holte.

Auch die EU selbst finanzierte im Hinblick auf den in Aussicht gestellten zukünftigen Beitritt großzügig Projekte in der Türkei. Und sie will es weiterhin tun. So berichtete die Tageszeitung *Die Welt* nach dem Putschversuch über die Heranführung der Türkei an die EU in den vergangenen Jahren: »In dieses Ziel werden Milliarden investiert. 4,795 Milliarden Euro vergab die Europäische Union zwischen 2007 und 2013 im Rahmen der Instrument for Pre-accession Assistance (IPA), die auf Deutsch als Heranführungs- oder Vorbeitrittshilfe bezeichnet wird. Und im Zeitraum von 2014 bis 2020 sind weitere 4,453 Milliarden Euro eingeplant, davon allein 1,5 Milliarden Euro für den Ausbau des Rechtsstaats und die Sicherung der Menschenrechte.« Gerade im Bereich der Rechtsstaatlichkeit ist das Scheitern dieser Strategie offensichtlich. Ungeachtet dessen hält die EU-Kommission weiter eisern an den Finanzzusagen fest, mit dem vorgeblichen Ziel, die Türkei der EU näher zu bringen. »Die Kommission hat keinerlei Entscheidung getroffen, um die Vorbeitrittshilfen an die Türkei als Reaktion auf die aktuellen Entwicklungen auszusetzen«, so die Brüsseler Behörde. Man darf angesichts solcher Einlassungen getrost mutmaßen, dass es hier viel eher um die Begleitung von privaten Konzerninteressen denn um Menschenrechte geht. Insofern ist das Festhalten der EU-Kommission an den Vorbeitrittshilfen nur konsequent, auch wenn es einem Großteil der Öffentlichkeit so vorkommen mag, als würde hier bloß Geld verbrannt werden.

Mit Erdogans fürsorglich aus Europa begleiteter Privatisierungsstrategie waren ausländische Investoren und gerade deutsche Anleger leicht anzulocken. Aber wenn die Investoren ihr

Geld dauerhaft abziehen, wie sie es unmittelbar nach dem Putschversuch schon getan haben, dann kann dieses Modell nur allzu leicht Schlagseite bekommen. Stünden dann auch noch die üppigen Finanzhilfen der EU in Frage, könnte das neoliberale Ausverkaufsmodell der AKP als Motor der türkischen Wirtschaft schnell ins Stottern geraten.

Und in der Tat scheint es jetzt so weit zu sein. Die *Frankfurter Allgemeine Zeitung* konstatiert, dass nicht nur der Tourismus, eine der wichtigsten Einnahmequellen, einbricht, sondern dass auch die Investoren sich mittlerweile im großen Stil aus der Türkei zurückziehen. Doch deren Geld habe den Aufschwung im Land über die vergangenen 15 Jahre hauptsächlich finanziert. Mehr als 150 Milliarden Dollar investierten Anleger seit Ende 2003 in türkische Aktien- und Anleihenmärkte, so die *FAZ*.

In diesem Sinne sind auch Volker Kauders Winke mit dem Zaunpfahl zu verstehen. Der türkische Präsident wisse sehr wohl, dass »sein Land in wirtschaftlicher Hinsicht stark von Investitionen aus Europa abhängig« sei, so der Fraktionsvorsitzende von CDU/CSU. Allein, auch hier wähnt sich Erdogan am längeren Hebel. Zu wichtig ist das Land für deutsche Unternehmen. Das Auswärtige Amt rühmt geradezu die Sonderstellung Deutschlands im Hinblick auf die Türkei: »Mit einem kumulierten Investitionsvolumen von über 12 Mrd. Euro seit 1980 ist Deutschland auch der größte ausländische Investor. Die Zahl deutscher Unternehmen bzw. türkischer Unternehmen mit deutscher Kapitalbeteiligung in der Türkei ist inzwischen auf über 6 500 gestiegen. Die Betätigungsfelder reichen von der Industrieerzeugung und dem Vertrieb sämtlicher Produkte bis zu Dienstleistungsangeboten aller Art sowie der Führung von Einzel- und Großhandelsbetrieben.«

Deutschland ist zudem der wichtigste Handelspartner der Türkei. »Das bilaterale Handelsvolumen des bisherigen Rekordjahres 2013 in Höhe von 33,7 Mrd. Euro wurde im Jahr 2015 noch übertroffen und betrug 36,8 Mrd. Euro. Die türkischen Exporte nach Deutschland erhöhten sich dabei im Vergleich zu 2014 um 8,4 Prozent auf 14,4 Mrd. Euro, während die Importe aus Deutschland sogar um 16 Prozent auf 22,4 Mrd. Euro anstiegen«, lautet die Bilanz des Auswärtigen Amtes in Berlin. Auffällig ist das enorme Handelsbilanzdefizit allein im ersten Halbjahr 2016 von vier Milliarden Euro zu Lasten der Türkei. Bei den deutschen Überschüssen nimmt die Türkei sogar den elften Platz ein – noch vor Polen und der Schweiz, nur knapp hinter Italien und weit vor den Krisenländern wie Griechenland und Portugal. Auf den anderen Plätzen vor der Türkei finden sich lediglich die USA, die EU-Staaten und die Ölexporteure der arabischen Halbinsel. Bei den deutschen Exporten liegt die Türkei auf Platz 14, vor Ländern wie Korea, Russland, Japan, Saudi-Arabien oder Indien.

Bei den Direktinvestitionen kommen etwa 75 Prozent aus den EU-Staaten. Deutschland liegt hierbei unangefochten an der Spitze, mit fast doppelt so vielen Investitionen wie die Niederlande, die auf Platz 2 folgen. Die USA sind im Übrigen für sechs Prozent aller Direktinvestitionen verantwortlich.

Und es sind eben gerade deutsche Unternehmen, die vom AKP-Modell der letzten Jahre profitiert haben. Als ein markantes Beispiel mag die Fraport dienen, die in der Türkei seit 2007 engagiert ist und mit einer Tochtergesellschaft, an der sie 51 Prozent hält, den Flughafen in Antalya betreibt. Was in puncto Griechenland für große Schlagzeilen sorgte, als der Frankfurter Flughafenkonzern im Zuge der Memorandum-Auflagen 14 griechische Regionalflughäfen erwarb, ist in der Türkei mit Antalya mit einer langfristigen Betreiberlizenz bereits längst Realität.

Aber wie geht es weiter? In einem Bericht des *Manager Magazins* heißt es, dass der Putschversuch und seine Folgen deutsche Firmen in der Türkei tief verunsichert hätten. »Nach Sonnenuntergang verbreitet hier ein Mob auf den Straßen Angst und Schrecken«, zitiert das Blatt Jan Nöther, den Geschäftsführenden Vorstand der Deutsch-Türkischen Industrie- und Handelskammer in Istanbul. Er macht auch Tage nach dem niedergeschlagenen Putsch eine »extrem angespannte Stimmung« aus. Die »selbsternannten Wächter der Demokratie« kosteten ihren Sieg über die Putschisten aus, und der Sicherheitsapparat der Regierung lasse sie dabei gewähren. Der Putschversuch habe, vermeldet die Zeitschrift weiter, »der Istanbuler Aktienbörse am Montag den größten Kurssturz seit fast einem Jahr eingebrockt. Der BIST 100 brach um 7,1 Prozent ein. Besonders hart traf es die Finanzbranche mit minus 8,5 Prozent. Die Kurse türkischer Staatsanleihen gerieten erheblich unter Druck.«

In großer Sorge um die Profite deutscher Konzerne wird vermerkt: »Seit Jahren legt die Wirtschaft am Bosporus überdurchschnittlich zu. In diesem Jahr könnten es, wie schon im vergangenen, rund vier Prozent werden. Allerdings, so betont Nöther in Istanbul, ging das Wachstum zuletzt vor allem auf den Binnenkonsum und staatliche Infrastrukturinvestitionen zurück. Komme künftig kein frisches ausländisches Kapital mehr ins Land, könnte dies das Wachstum am Bosporus empfindlich treffen.«

In einem Ranking der zehn am stärksten in der Türkei engagierten deutschen Unternehmen sind vertreten Mercedes-Benz (Lastwagen), Bosch Siemens Hausgeräte (Kühlschränke, Waschmaschinen, Spülmaschinen, Gasherde), Bosch (Hochdruckeinspritzungen für Dieselmotoren), Heidelberg Cement (führender Zement- und Transportbetonhersteller in der Türkei), Borusan Mannesmann (kooperiert mit der Salzgitter AG bei der Pipelineproduktion), Henkel (drei Waschmittelfabriken), Betek Boya ve Kimya Sanayi (Farbenhersteller, gehört zur Caparol-Gruppe), Progida (Tochter der Hamburger Handelsfirma Pisani & Rickertsen, Süßwarenprodukte) und die VW-Tochter

Mannesmann (Omnibusbau der Marke Neoplan). Dazu kommen nach Angaben des *Manager Magazins* Unternehmen wie Steigenberger (Hotel), Berentzen (Spirituosen), Nordex (Windkraft), Siemens (Gasturbinen), die gute Geschäfte in der Türkei machen. Entsprechend zahm äußerte sich auch der Präsident des mächtigen Bundesverbands der Deutschen Industrie (BDI), Ulrich Grillo, über die Massenverhaftungen, Folterungen und Massenentlassungen: »Ohne Partner wird die weitere wirtschaftliche Modernisierung des Landes nicht gelingen.« Grillos Äußerungen sind dabei offenbar Vorbild für das Bundeskanzleramt. Weder der Flüchtlingsdeal noch die Profitchancen deutscher Konzerne und der deutschen Wirtschaft sollen in Gefahr gebracht werden durch ein zu selbstbewusstes Auftreten gegenüber den Zumutungen Erdogans.

Für eine Branche deutscher Unternehmen dürfte sich allerdings Erdogans Coup bereits jetzt lohnen. In Deutschland gibt es über vierzig Firmen, die Überwachungstechnologien produzieren und weltweit verkaufen, so die Menschenrechtsorganisation Privacy International. Deutschland ist damit weltweit mit führend. Zu den in Deutschland ansässigen Firmen gehören Finfisher, Rheinmetall, Rohde & Schwarz, Siemens und Trovicor, aber auch weniger bekannte Hersteller. »So liefern deutsche Überwachungsunternehmen ihre Produkte unter anderem nach Syrien, Mexiko, Bahrain, Saudi-Arabien und in die Türkei – allesamt Staaten mit Regierungen, die in den letzten Monaten grobe Menschenrechtsverletzungen begangen haben, auch mit Hilfe von Überwachungstechnologien«, so das Internetportal des Magazins *t3n*. Die Auftragslage dürfte sich durch eine stärkere Nachfrage aus Erdogans Türkei in Zukunft noch verbessern.

Auffällig ist, wie sehr sich die Haltung der Bundesregierung gegenüber der Türkei von der gegenüber Russland unterscheidet. Hier wird mit Rückendeckung der USA auf Wirtschaftssanktionen gesetzt, die auch die Bevölkerung treffen und die russische Regierung zu bestimmten außenpolitischen Entscheidungen drängen sollen – eine Strategie, die sich bisher als nicht sehr zielführend erwiesen hat und die internationalen Beziehungen vergiftet. Im Falle von Erdogans Türkei aber gelten nicht nur doppelte Standards. Erdogan wird, anders als eben Putin, als Partner weiterhin bevorzugt, nicht einmal persönliche Konsequenzen wie ein Einreiseverbot muss er befürchten, damit die deutsche Industrie in der Türkei wirtschaften kann, wie sie will.

Die Frage ist zudem, inwiefern derart gewaltige Handelsüberschüsse eine nachhaltige wirtschaftliche Zusammenarbeit zulassen. Im Fall Griechenland ist dieses Modell an sein Ende gekommen. Vieles deutet darauf hin, dass es auch durch eine neue Privatisierungswelle Erdogans zu starken Störungen im Hinblick auf ein weiter steigendes Wirtschaftswachstum kommen könnte. Das bisherige Wirtschaftswachstum, das gerade von den Privatisierungen, Kapitalimporten, Auslandshilfen und Kreditierungen gelebt hat, ist jedenfalls jetzt nach dem Putschversuch äußerst anfällig. Es ist nicht einzusehen, warum an die Türkei in dieser Situation weiter Vorbeitrittshilfen fließen, wo doch ein Beitritt nicht in Sicht ist, und warum Kredite auch mit deutschen Steuergeldern im Rahmen der EBWE vergeben werden – in einer Höhe wie an kein anderes Land –, die zu nichts anderem als zu einer Privatisierung öffentlicher Einrichtungen dienen.

Es ist höchste Zeit und eigentlich schon überfällig, hier Zeichen zu setzen. Finanzielle Hilfen und Kreditierungen für Erdogan darf es weiter nicht geben. Denn diese nutzen allein dem Despoten und seiner Entourage sowie türkischen und westlichen Konzernen. Dabei geht es nicht zuletzt um Erdogans eigene Familie. Denn diese hat auch persönlich von den Entwicklungen der letzten Jahre enorm profitiert. So Bilal Erdogan, der

Sohn des Staatspräsidenten, der mit 35 Jahren Anteile in der Schifffahrtsbranche sein Eigen nennt und mehrere Öltanker durch seine eigene Firma und Partnerschaften mit anderen Unternehmen kontrolliert. In Italien wird gegen Bilal Erdogan inzwischen wegen Geldwäsche ermittelt, was sein Vater wiederum mit Drohungen gegen die italienische Justiz und Regierung quittierte. Denn er will nichts auf seine Bereicherungsökonomie, zu der auch EU-Kommission und Bundesregierung beitragen, kommen lassen.

11 Der Fall Fazil Say

Der Prozess gegen den türkischen Pianisten und Komponisten Fazil Say und seine Verurteilung zu zehn Monaten Haft auf Bewährung wegen Blasphemie im Jahr 2013 erscheint aus heutiger Sicht wie ein großes Wetterleuchten dessen, was da noch kommen sollte. Was hatte man dem Künstler vorgeworfen? Warum wurde er regelrecht zur Zielscheibe der AKP-Regierung?

Das Verbrechen des Musikers bestand darin, ein dem mittelalterlichen Autor Omar Khayyam (1048–1131) zugeschriebenes Gedicht in einem Tweet im Internet veröffentlicht zu haben. Omar Khayyam, dessen bearbeitete Lebensgeschichte von Kayvan Mashayekh in *Prince of Persia. Die Legende von Omar* unlängst verfilmt worden ist, war ein persischer Mathematiker und Philosoph. Er war einer jener skeptischen Rationalisten, die das Pharisäertum und die politisch-instrumentelle Frömmelei geißelten. Mit scharfer Feder griff er die Kleriker an, die versuchten, die Gläubigen seiner Tage hinters Licht zu führen, um deren Glauben zu ihrem persönlichen Vorteil nutzen zu können. Dazu bediente er sich der Rubaiyat, einer besonderen persischen Gedichtform, die aus Vierzeilern besteht. Fazil Say hatte in Anlehnung an einen dieser Khayyam zugeschriebenen Vierzeiler im April 2012 getwittert: »Ihr sagt, im Himmel fließen Bäche von Wein – ist das Paradies denn eine Kneipe für euch? Ihr sagt, auf jeden

Gläubigen warten zwei Jungfrauen – ist das Paradies denn ein Bordell?« Und dies hatte den Zorn der AKP und der Frömmler entfacht.

In diesem Prozess ging es deshalb nicht nur darum, einen kritischen Intellektuellen und mit ihm Tausende anderer einzuschüchtern und zum Schweigen zu bringen. Nein, mit Fazil Say stand der gesamte islamische Rationalismus mit seiner Kritik an den religiösen Oden und den fundamentalistischen Klerikern symbolisch vor Gericht. Genau diese rationale Religionskritik im Islam sollte als häretisch und ketzerisch strafrechtlich verfolgt werden. Und auch deshalb war dieser Prozess ein regelrechtes Zeitzeichen, wie weit es in der Türkei auf dem Weg in eine islamistische Diktatur bereits gekommen war. Denn dies bedeutet nicht nur, die Religion schonungslos für eigensüchtige politische Zwecke auszuschlachten, sondern auch jede Kritik an ihr zum Schweigen zu bringen. Der Rationalismus aber setzt sich gerade gegen die Herrschaft der Kleriker mit einem harten Skeptizismus gegenüber einer buchstabengetreuen Auslegung heiliger Schriften zur Wehr. Dadurch hat er Raum geschaffen für wissenschaftliche Erkenntnisse. Und dieser Rationalismus hatte im Mittelalter seinen Platz in islamischen Gesellschaften, während es in den christlich dominierten Gesellschaften weitaus schwieriger war, beispielsweise das antike Wissen zu tradieren, da seine Erinnerung in ständigem Konflikt mit nicht hinterfragbaren letzten Wahrheiten stand.

Über Twitter hatte der 1970 in Ankara geborene Fazil Say noch weitere kritische wie spöttische Tweets verbreitet, in denen er Frömmelei und Scheinheiligkeit auf die Schippe nahm. Den nur 22 Sekunden kurzen Gebetsaufruf eines Muezzins kommentierte der Künstler launig: »Warum so eine Eile? Hast du eine Geliebte, die auf dich wartet, oder einen Raki auf dem Tisch?« Ein anderes Mal fragte er bissig: »Ich weiß nicht, ob ihr es gemerkt habt? Überall, wo es Schwätzer, Gemeine, Sensationsgierige, Diebe, Scharlatane gibt, sie alle sind übertrieben gläubig. Ist das ein Paradoxon?«

Offiziell hatten drei türkische Bürger Fazil Say, den bekanntesten zeitgenössischen Komponisten des Landes, angezeigt. Sie warfen ihm vor, die islamische Religion und die Muslime überhaupt schwer beleidigt und religiöse Werte öffentlich herabgewürdigt zu haben. Unklar blieb, ob die Anzeigen gegen Fazil Say von den dreien aus eigenem Antrieb gestellt oder ob sie von einer Organisation dazu veranlasst wurden. Einer der drei, Emre Bukagili, ist als notorischer Anzeigensteller bekannt. Er war zuvor schon gegen verschiedene religionskritische Sachbuch- und Romanautoren vor Gericht gezogen, darunter gegen den Evolutionsbiologen Richard Dawkins und gegen Nedim Gürsel wegen diverser Textstellen in dessen Werk *Allahs Töchter*. In einem Interview mit der Literaturzeitschrift *Zabid Fikir* bezeichnete sich der Prozesshansel als Anhänger des bekannten türkischen Kreationisten Adnan Oktar, der gemeinhin unter dem Pseudonym Harun Yahya auftritt.

In dem Verfahren gegen Fazil Say ging es darum, der islamischen Aufklärung in Erdogans Türkei den Prozess zu machen. »Wacht auf! Zum Schlafen haben wir die Ewigkeit«, lautet etwa ein Reim von Khayyam. Doch das Land am Bosporus soll in den ewigen Schlaf versenkt werden. Aufklärung gilt nun als Verbrechen. Man zielte auf Fazil Say, aber gemeint waren Omar Khayyam und die Aufklärung. Das Donnergrollen, das die islamistische Diktatur ankündigte, hatte begonnen.

Der Prozess gegen den weltberühmten Künstler fand in einem erst kurz zuvor fertiggestellten Gerichtsgebäude in Istanbul statt, von dem seine Erbauer mit Stolz behaupten, es sei das größte in Europa. Für das Blasphemieverfahren gegen Fazil Say hatte man offenbar den kleinsten Raum ausgesucht. Gerade einmal 14 Plätze standen für Besucher zur Verfügung. Vier Journalisten wurden vorgelassen. Rund 200 Freunde und Unterstützer von Fazil Say mussten draußen bleiben.

Persönlich habe ich Fazil Say erst beim Prozessauftakt im Oktober 2012 kennengelernt. Seine Musik aber hatte mich bereits weit vorher durchs Leben begleitet. Denn Fazil Say ist ein begnadeter Pianist von internationalem Ruhm, gerade seine klassischen Kompositionen trafen den Nerv der Zeit und waren von Beginn an der AKP-Regierung ein Dorn im Auge. In seinem Oratorium *Requiem für Metin Altiok* setzte der Musiker im Jahr 2003 diesem mit ihm befreundeten alevitischen Dichter, der 1993 in der zentralanatolischen Stadt Sivas mit 34 weiteren Künstlern bei einem Brandanschlag durch einen islamistischen Mob getötet worden war, ein Denkmal. Die AKP, die die Flucht der Mörder u.a. nach Deutschland deckte, wollte selbstverständlich davon nichts wissen.

Die Uraufführung des Requiems wurde durch das türkische Ministerium für Kultur und Tourismus auf Anweisung Erdogans, der damals noch Ministerpräsident war, zensiert. Das Stück wurde zwar gespielt, allerdings um die Passage gekürzt, in dem Fazil Say an die Opfer erinnert hatte. Auch Fernsehbilder des Brandanschlags, die der Künstler in die Aufführung integrieren wollte, durften nicht gezeigt werden. Der Premier beschied knapp über seinen Kultusminister: »Wir wollen nicht daran erinnert werden.« Der lange Arm Erdogans reichte bis nach Deutschland, wo er im Jahr 2008 verhinderte, dass das Stück in Erinnerung an das Massaker aufgeführt wurde.

Zur Erinnerung: Am 2. Juli 1993 hatte sich in Sivas vor dem *Madimak*-Hotel eine aufgehetzte Menschenmenge versammelt. Der islamistische Mob wetterte gegen den türkischen Schriftsteller Aziz Nesin, der dort anlässlich eines alevitischen Kulturfestivals zusammen mit anderen Musikern, Schriftstellern, Dichtern und Verlegern logierte. Die Zusammenkunft stand in der Tradition von Pir Sultan Abdal, einem legendären Volksdichter und Freiheitshelden alevitischen Glaubens aus dem

16. Jahrhundert, der Aufstände für Gerechtigkeit und Glaubensfreiheit gegen die osmanische Herrschaft angeführt hatte und deswegen hingerichtet worden war. Nesin hatte das »Verbrechen« begangen, Salman Rushdies Roman *Die satanischen Verse* in einer türkischen Übersetzung herauszubringen.

Nach dem Freitagsgebet zogen extremistische Sunniten aus drei Moscheen los, um die rund 1 500 Teilnehmer des alevitischen Festivals in der Stadt mit Stöcken und Steinen und Beschimpfungen zu empfangen. Schließlich versammelte sich die inzwischen auf 10 000 Personen angewachsene Menge vor dem Hotel, skandierte »Es lebe die Scharia!« und »Nieder mit dem Laizismus!«. Aus der Gruppe der Protestierer heraus wurden Brandsätze gegen das Hotel geworfen, in dem sich das Feuer rasch ausbreitete. Wegen der hasserfüllten Menge draußen konnten die Bewohner nicht ins Freie, der Mob behinderte noch dazu die Löscharbeiten. Zeugenaussagen und Videoaufnahmen belegen, dass Polizisten der Menge halfen und anrückende Soldaten wieder zurückgezogen wurden. 35 Menschen starben in den Flammen. Der Mordanschlag wurde seinerzeit live im türkischen Fernsehen übertragen.

Alljährlich gedenken Aleviten seitdem am 2. Juli des »Massakers von Sivas«, für die türkische Regierung hingegen ist das islamistische Autodafé bloß ein »trauriger Vorfall«. Nur wenige der Brandstifter und Mörder wurden ermittelt. Nach Angaben der Alevitischen Gemeinde Deutschland sind mindestens neun Tatverdächtige – vermutlich mit staatlicher Hilfe – nach Deutschland geflohen, wo sie unter der SPD-Grünen-Regierung Asyl erhielten und auf freiem Fuß blieben. Vahit Kaynar zum Beispiel betreibt in der Prinzenallee im Berliner Wedding ein Geschäft, ein anderer soll unbehelligt in Mannheim leben.

Doch zurück zum Prozess gegen Fazil Say. Der Widerspruch des Künstlers gegenüber den religiös-politischen Autoritäten zieht sich durch sein gesamtes musikalisches Werk bis hin zur

Erstaufführung seines Konzertes *Khayyam* 2011. Als andere noch von der Demokratisierung der Türkei durch die AKP schwärmten und durch den EU-Beitrittsprozess die Rechtsstaatlichkeit in der Türkei voranschreiten sahen, dachte Say schon an Auswanderung. Der bekennende Atheist sah die religiöse Diktatur am Bosporus früher als andere heraufdämmern. Auch deshalb tat sich die Solidarität in der Türkei mit ihm zu Anfang sehr schwer. Begleitet von einigen hundert Künstlern und Freunden ging Say der Sache aufrecht entgegen. Beim Prozessauftakt im Herbst 2012 in Istanbul war ich als einzige Bundestagsabgeordnete zugegen, türkische Abgeordnete machten sich rar. Umso mehr freute sich Fazil Say über einen fraktionsübergreifenden Solidaritätsaufruf von über hundert Bundestagsabgeordneten, den ich organisiert hatte. Wir äußerten uns in der Erklärung besorgt über die Umstände und bezeichneten die Strafandrohung als unverhältnismäßig. »In einem demokratischen und säkularen Rechtsstaat dürfen bloße Meinungsäußerungen nicht zu dem Vorwurf eines schweren Verbrechens und zu langen Freiheitsstrafen führen«, hieß es in unserer Erklärung. Der deutsche Botschafter hingegen war nicht vertreten, und später prangerte die Bundesregierung das Urteil gegen den Komponisten nicht an.

Fazil Say wurde am 15. April 2013 gemäß des Volksverhetzungs-Paragrafen des türkischen Strafgesetzbuches zu einer zehnmonatigen Haftstrafe auf Bewährung verurteilt – die Staatsanwaltschaft hatte sogar 18 Monate gefordert. Das 19. Amtsgericht in Istanbul befand, der bekennende Atheist habe »die religiösen Werte eines Teils der Bevölkerung verunglimpft«. Der Bewährungszeitraum wurde auf ganze fünf Jahre festgesetzt. In dieser Zeit hätte der politisch denkende und handelnde Fazil Say keine »ähnlichen Äußerungen« machen dürfen. Das Urteil kam denn auch einem gerichtlich auferlegten Redeverbot gleich. Says Verteidigung hatte sich vergeblich auf die in der Verfassung verankerte Meinungs- und Überzeugungsfreiheit in der Türkei berufen sowie auf Artikel 10 der – auch von Ankara unterzeichneten – Europäischen Menschenrechtskonvention, der eine freie Meinungsäußerung zusichert. Die Anwälte des Künstlers beantragten eine Prüfung des erstinstanzlichen Urteils – mit relativem Erfolg. Das Strafmaß wurde im Herbst desselben Jahres bestätigt, lediglich die Bewährungszeit wurde auf zwei Jahre verkürzt.

Intellektuelle und Menschenrechtler reagierten – im Gegensatz zum Kabinett Merkel – entsetzt. »Ist irgendjemand schon einmal wegen der Beleidigung von Christen oder Juden vor Gericht gekommen?«, fragte der in London lebende türkische Politologe Ziya Meral im Berliner *Tagesspiegel*. Die US-Organisation Human Rights Watch kritisierte, die türkische Justiz verschwende ihre Zeit damit, »triviale Tweets« zu verfolgen.

Fazil Say selbst blieb standhaft und ging weiter gegen seine Bestrafung in der Türkei vor. Sollte er vom Kassationshof nicht freigesprochen werden, werde er vor den Europäischen Gerichtshof für Menschenrechte gehen, verkündete er über Twitter. Vergeblich hatte er vor seiner Verurteilung an die Öffentlichkeit appelliert. In einem deutsch-türkischen Nachrichtenportal wurde er am 20. September 2013 so zitiert: »Schaut, meine Freunde, die westlichen Länder, die asiatischen Länder, Ihr könnt Euch sicher sein, ausnahmslos alle werden sich von dieser Haltung distanzieren, sie werden diese Intoleranz verurteilen. Mein Fall ist klein, aber erregt viel Aufmerksamkeit. Es geht noch weiter: Die Intoleranz und Härte bei den Gezi-Protesten, die inhaftierten Journalisten, die grundlosen Festnahmen, das alles zusammen, die ganzen ungerechten Dinge, die in der Türkei passieren, haben internationale Aufmerksamkeit erregt. Einem Land, das sogar Witze über das Paradies und die Hölle bestraft, wird man natürlich nicht die Olympischen Spiele geben, auch viele andere Dinge wird die Türkei so nicht bekommen. Versteht das bitte.«

Der Justizkrimi sollte noch zwei weitere Jahre fortdauern. Erst im Oktober 2015 wurde die zehnmonatige Haftstrafe gegen den weltbekannten Pianisten aufgehoben. Die 8. Strafkammer des Obersten Berufungsgerichts entschied schließlich mit Stimmenmehrheit, dass Fazil Says Twitter-Beiträge unter das Gebot der freien Meinungsäußerung fallen. Erst im September 2016 wurde die Entscheidung schließlich wirksam und der Künstler endgültig vom Vorwurf der Blasphemie freigesprochen. Dies scheint derselben Dialektik zu folgen, wie die Rücknahme der vielen Beleidigungsanzeigen Erdogans nach dem Putschversuch.

Say blieb jedoch den islamistischen Bürokraten der AKP-Kultur ein Dorn im Auge. 2015 wurde die Aufführung seines Oratoriums *Nazim* über Nazim Hikmet mit dem Staatschor in Antalya abgesetzt, weil dieser zwar ein überragender und legendärer, aber eben kein frommer Dichter gewesen sei. Wer die Signale damals hätte hören wollen, der hätte sie hören können. Nazim Hikmet, im Moskauer Exil 1965 gestorben, ist einer der bedeutendsten Dichter und Schriftsteller der Türkei. Berühmt und programmatisch ist der letzte Vers aus seinem Gedicht *Davet* (*Einladung*), den der Liedermacher Hannes Wader hierzulande populär gemacht hat:

»Leben einzeln und frei
wie ein Baum und dabei
brüderlich wie ein Wald
diese Sehnsucht ist unser.«

Doch auch Nazim Hikmet war in Erdogans Türkei schon damals nicht mehr tragbar. In der Folge ließ die AKP-Bürokratie in Antalya statt des Oratoriums für den verfemten Dichter die *Carmina Burana* aufführen. Nach Fazil Says Hinweis an die frommen Zensoren, dass es in den Liedern Carl Orffs auch um Weingenuss und Geschlechtsverkehr ginge, was man aber leicht überhöre, wenn man des Lateinischen nicht mächtig sei, setzten die Banausen im türkischen Kulturministerium in einer Art Panik eine große *Carmina Burana*-Aufführung in Izmir ab. Man kann sich ungefähr vorstellen, wo dies alles enden wird und welcher Druck auf Künstlerinnen und Künstler aufgebaut worden ist, sich zu verbiegen und sich dem verordneten Kulturbetrieb der AKP unterzuordnen.

Say aber ließ sich wie viele andere nicht einschüchtern. Im Vorfeld der für die AKP siegreichen Wahlen im November 2015 twitterte er: »Möge diese 13-jährige finstere Ära ein Ende finden und mögen wir erhellt werden. Möge jeder von uns dieses eine Leben in Gleichheit und Frieden leben können.« Die regierungsnahe Zeitung *Sabah* veröffentlichte im Zusammenhang mit den Wahlen unter anderem das Foto von Fazil Say auf ihrer Titelseite mit der Überschrift »Die Künstler, die ihr Volk verachten«. In der Tageszeitung waren die Bilder von insgesamt 16 Musikern und Schauspielern zusammen mit einigen ihrer Tweets abgebildet. Die Texte seien hasserfüllt und demütigten Millionen Wähler der AKP, wetterten die Verantwortlichen von *Sabah*.

Diese Art der Menschenjagd ist eines der Markenzeichen von Erdogans neuer Türkei. Sie kehrt regelmäßig gegen unliebsame Kritiker des Präsidenten wieder. So wurden Anfang Juni 2016 nach der Resolution zum Völkermord an den Armeniern auch die Konterfeis von allen elf türkeistämmigen Abgeordneten des Deutschen Bundestages steckbriefartig auf den Titelseiten AKP-naher Tageszeitungen abgebildet mit dem entsprechenden Hinweis, den Melih Gökcek, der AKP-Oberbürgermeister von Ankara, seinen 3,2 Millionen Twitter-Followern vorgegeben hatte: »Merkt euch diese Vaterlandsverräter!« Von einem Einreiseverbot für diesen Hetzer, der deutsche Bundestagsabgeordnete bedroht, ist selbstverständlich nichts bekannt.

Das Schema ist immer dasselbe: Wer Kritik an Erdogan und der AKP übt, ist ein Vaterlandsverräter. Diesem Schema kann man in unzähligen Zuschriften von AKP-Fans und entsprechenden Kommentaren auch hierzulande begegnen. Die Art und Weise, in der propagandistisch gegen Andersdenkende und Ausgegrenzte vorgegangen wird, erinnert stark an den *Stürmer*, das Hetzblatt der deutschen Faschisten, gerade was das An-den-Pranger-Stellen von angeblichen »Volksverrätern« angeht. Aber ungeachtet dessen, dass diese Pressehetze in der Türkei immer mehr um sich griff, eröffnete die Europäische Kommission neue Verhandlungskapitel, um den EU-Beitrittsprozess zu beschleunigen – immer sekundiert von der Bundesregierung. Das war so im November 2013 nach der brutalen Niederschlagung der Gezi-Proteste, das war so im Dezember 2015, während die AKP-Regierung ihren Krieg gegen die kurdische Bevölkerung ausweitete, das war so selbst nach der Hatz auf deutsche Abgeordnete im Juni 2016.

Bereits nach dem erstinstanzlichen Urteil an Fazil Say hatte ich am 15. April 2013 erklärt: »Die Verurteilung des international renommierten Komponisten Fazil Say zu einer Haftstrafe von zehn Monaten auf Bewährung ist ein Skandal. Die AKP-Justiz will an Fazil Say ein Exempel statuieren, um Kritiker des Erdogan-Regimes mundtot zu machen. Der EU-Beitrittsprozess muss umgehend ausgesetzt werden, will man die AKP nicht noch für ihren Amoklauf gegen Demokratie und Menschenrechte belohnen.« Und weiter: »Das Urteil gegen Fazil Say wie auch die fortgesetzte Inhaftierung tausender politischer Gefangener zeigen, dass die Türkei auf dem Weg in einen autoritären islamistischen Unterdrückungsstaat ist. Meinungs- und Pressefreiheit sind in der Türkei von Ministerpräsident Erdogan und seiner AKP gefährdet. Das betrifft auch die Inhaftierung von über hundert Journalisten. Von einer Demokratisierung durch die EU-Beitrittsverhandlungen kann in der Türkei keine Rede sein. Die Bundesregierung ist gefordert, gerade vor dem Hintergrund der politischen Verfolgung von Künstlern und Intellektuellen, die Kumpanei mit dem Erdogan-Regime zu beenden. Die Bundesregierung darf nicht weiter wegschauen und muss endlich auch gegenüber der Regierung Erdogan die brutalen Menschenrechtsverletzungen ansprechen.«

Doch die Bundesregierung schaute weiter zu und schwieg. Sie ließ die Künstler wie Fazil Say, der sich als Brückenbauer zwischen den Kulturen, als Wanderer zwischen Orient und Okzident begreift, im Stich – 2012, 2013 und auch noch im Jahr 2015.

12 Islamisierung und Sunnitisierung

Noch vor wenigen Jahren wurde man für paranoid erklärt, wenn man das Programm der AKP als islamistisch qualifizierte. Gerade die EU-Kommission tat in ihren Fortschrittberichten alles dafür, dass dieses Thema kaum auftauchte. Im Gegenteil, die zunehmende Islamisierung des Landes wurde unter Demokratisierung verbucht, der Fall laizistischer Prinzipien begrüßt. Die Bundesregierungen sekundierten. Medien in Deutschland kolportierten brav das Selbstbild der Regierungspartei AKP als islamisch-konservativ. Dabei hatte es etliche Anzeichen gegeben, dass es hinter scheinbar konservativen Anliegen um nichts weniger als um die Durchsetzung der Scharia vermittels der geltenden Gesetze ging. Man muss es der AKP lassen, dass sie dabei durchaus kreativ vorging.

Bereits 2007 trat die Partei für Gerechtigkeit und Aufschwung der Schweinefleischproduktion in der Türkei entgegen. Zucht- und Mastbetriebe wurden mit dem erfinderischen Argument von den AKP-kontrollierten Behörden geschlossen, sie erfüllten die EU-Hygienestandards nicht mehr. Ihnen wurde eine erheblich kürzere Übergangsfrist für die Angleichung zugestanden als etwa den Rinder- und Schafhöfen, die drei Jahre Zeit hatten, um die Hygienestandards anzupassen. Schweinezüchter sollten schon nach einem Jahr die Brüsseler Richtlinien erfüllen. Im Ergebnis erreichte es die AKP damit, letztere zum Aufgeben zu bringen. Schlachthäuser wurden geschlossen, Schweinezuchten hörten in der Türkei praktisch auf zu existieren, obwohl die in der türkischen Republik, ungeachtet der mehrheitlich muslimischen Bevölkerung, über eine lange Tradition verfügten.

Der Kampf gegen das Schwein auf türkischem Boden ging so weit, dass selbst die Ausstrahlung der Kinderzeichentrickserie *Winnie Puuh*, ein Klassiker aus der Traumfabrik Walt Disney, verboten wurde. Die gleichnamige Hauptfigur ist zwar ein Bär, aber einer der besten Freunde von Winnie Puuh ist eben ein kleines freches, rosafarbenes Ferkel. Zunächst wollte der von der Regierung kontrollierte Sender TRT Szenen mit dem Schweinchen herausschneiden. Weil das Ferkel aber zu oft auftauchte, war das nicht möglich. Deshalb wurde die weltweit bekannte Zeichentrickserie komplett aus dem Programm genommen. Das TRT-Management verbot laut der regierungskritischen Zeitung *Cumhuriyet* auch zahlreiche andere Trickfilme mit Schweinen. Sendungen, die nicht zur »türkischen Kultur« passten, würden nicht gesendet, bekundete Fernsehdirektor Muharrem Sevil. Das klang geradezu absurd, weswegen das wohl auch nur wenige ernst nahmen. Allerdings war es auch so etwas wie ein Testballon, denn alles, was hier veranstaltet wurde, war ein eklatanter Verstoß gegen die laizistische Verfassung der türkischen Republik.

Ganz im Stile militanter Islamisten wetterte die AKP während des Wahlkampfes 2015 gegen Selahattin Demirtas, den Covorsitzenden der prokurdischen Demokratischen Partei der Völker (HDP), er hätte 2014 bei einem Gespräch mit *FAZ*-Journalisten in Deutschland Schweinespeck auf Brot gegessen. Erdogannahe Medien überboten sich in islamistischem Tugendterror und versuchten, die religiösen Gefühle der Menschen gegen den als gottlos diffamierten Oppositionellen zu instrumentalisieren. Das nationalistische Boulevardblatt *Aksam* hievte das Brot mit dem verpönten Belag als Kritik am Religionspräsidium (der staatlichen Islambehörde) sogar auf die Titelseite. In mehreren Zeitungen wurde der prominente Kurdenpolitiker als »Feind der Religion«, als »Terrorpate« oder »Agent des Zionismus« beziehungsweise der »Parallelstruktur« – gemeint ist damit die Gülen-Bewegung – diffamiert. Der AKP-Politiker Mehmet Metiner erklärte im türkischen Fernsehen, der HDP sei nichts heilig. »Für die ist Schweinesalami kein Problem, keine Schweinerei ist für sie ein Problem.«

Auch ein Alkoholverbot gehört auf die Agenda der AKP. Um bloß keine schlafenden Hunde zu wecken, wurde ein solches Verbot aber nicht etwa von einem Tag auf den anderen verhängt, sondern peu à peu wurden die Steuern erhöht. In der Regierungszeit der AKP stieg der Steuersatz auf Bier von 18 auf mehr als sechzig Prozent. Ziel ist, Alkoholgenuss gesellschaftlich zu ächten. Auch hier war dies nichts anderes als eine sukzessive Einführung des islamischen Rechts im Rahmen der Gesetze und unter dem Deckmantel auch diesmal des Gesundheitsschutzes. Um den islamistischen Hintergrund des Alkoholverbots zu verbergen, berief man sich gegenüber Europa auf skandinavische Vorbilder. Dabei macht ein solcher Vergleich wenig Sinn. Laut OECD trinken die Türken durchschnittlich 1,5 Liter Alkohol pro Jahr, der europäische Durchschnitt ist zehnmal so hoch und liegt bei 10,7 Litern.

Im September 2013 war es dann so weit. Per Gesetz wurde es verboten, Alkohol in der Öffentlichkeit zu trinken. Nach 22 Uhr bis morgens in der Frühe um sechs Uhr darf nunmehr kein Wein oder Bier mehr verkauft werden. In Restaurants wurde der Konsum räumlich auf einen separaten »Alkoholbereich« begrenzt. Frisch gezapftes Fassbier kostet in Kneipen und Tavernen umgerechnet etwa fünf Euro. In Diskotheken, Clubs und Restaurants sind jetzt Preise für einen halben Liter Bier von über sieben Euro normal. Das Bier am Bosporus ist damit teurer als das auf dem Münchner Oktoberfest. Auch die Preise für Wodka, Whiskey oder das Nationalgetränk Raki explodierten. 43 Euro kostet im

Durchschnitt eine Flasche Whiskey, Wodka gut 23 Euro. Vor der Gesetzesverabschiedung waren die Getränke rund ein Viertel günstiger.

Auf den vielen Musikfestivals in Istanbul dürfen Getränkehersteller, die auch Alkohol in ihrem Warensortiment haben, nicht mehr als Sponsor auftreten. Die Organisatoren müssen vor jeder Veranstaltung eine Genehmigung für den Alkoholausschank beantragen. Gegenüber der *Welt* klagte im Mai 2015 ein Eventmanager: »Es ist eine Tortur für uns, eine Genehmigung einzuholen. Die Behörden arbeiten bewusst langsam und willkürlich. Der ganze Aufwand lohnt sich für uns kaum noch, viele verzichten komplett auf Alkohol.« Die Zeitung hatte das AKP-Ansinnen auf den Punkt gebracht: »Die Partystadt Istanbul wird trockengelegt.« Tatsächlich haben in der Bosporus-Metropole und in den Touristenhochburgen aufgrund der Restriktionen mittlerweile unzählige Wirte ihren Bankrott erklären müssen.

Wie gesagt: Dieser ganze Prozess vollzog sich, ohne dass führende AKP-Vertreter den Umbau in Richtung eines islamistischen Staates mit einer religiös-politischen Verfassung gefordert hätten. Im Frühjahr 2016 kam dann der Bruch mit dieser Strategie. Nun sprach sich der türkische Parlamentspräsident Ismail Kahraman offen für eine islamische Verfassung aus. »Der Begriff des Säkularismus sollte nicht in der neuen Verfassung stehen«, sagte er nach Angaben der staatlichen Nachrichtenagentur Anadolu. »Wir sind ein islamisches Land. Deshalb sollten wir eine religiöse Verfassung schaffen«, so Kahraman. Seitdem ist die Katze aus dem Sack, und auch wenn zahlreiche Dementis folgten, spricht viel dafür, dass die ursprünglich heimliche Agenda der AKP nun nicht mehr heimlich ist.

Seit 1928 ist der Islam als Staatsreligion aus der türkischen Verfassung gestrichen, auch eine Berufung auf Allah kommt nicht mehr vor. Der Vorsitzende der Oppositionspartei CHP, Kemal Kilicdaroglu, widersprach Kahramans Forderung denn auch unmittelbar und vehement. Der von Staatsgründer Atatürk eingeführte Säkularismus sei wichtig, damit jeder seine Religion frei ausüben könne. »Das Chaos im Nahen Osten ist das Ergebnis der Instrumentalisierung der Religion durch die Politik«, so Kilicdaroglu.

Während des gesamten Prozesses der Förderung des Islamismus blieben die Atatürk-Bilder in den Amtsstuben hängen. Bereits mit der Gründung der Republik hatte der Staatsgründer die Trennung von Staat und Religion vorangetrieben. »Das Kalifat ist ein Märchen der Vergangenheit, das in unserer Zeit keinen Platz mehr hat. Religion und Staat müssen getrennt werden«, so Mustafa Kemal Pascha, genannt Atatürk, 1923. Im Willen, einen modernen Nationalstaat zu schaffen, orientierte sich der »Vater der Türken« dabei an Frankreich, das in der Folge der Dreyfus-Affäre 1905 den Laizismus per Gesetz eingeführt und später in seine Verfassung aufgenommen hatte. Auch die anderen Maßnahmen Atatürks zielten radikal auf die Trennung von Staat und Religion und griffen unmittelbar in das Alltagsleben der Menschen ein. Das religiöse Rechtssystem der Scharia wurde gestrichen, religiöse Schulen ebenso wie Orden und Bruderschaften als Machträume islamistischer Ansprüche geschlossen. Der Religionsunterricht an Schulen wurde aufgehoben. Auch sonst war es eine Hinwendung zum fortschrittlichen Teil Europas und ein Bruch mit den Traditionen des Osmanischen Reiches. Der islamische Kalender wurde durch den gregorianischen ersetzt. Die arabische Schrift musste dem lateinischen Alphabet weichen. Die Pilgerfahrt nach Mekka wurde schlicht verboten. Einiges davon wurde in den darauffolgenden Jahrzehnten zurückgenommen. Eine Besonderheit aber blieb. Denn der türkische Laizismus war von Anfang an, gerade weil er auf die Kontrolle der Moscheen zielen musste, ein Laizismus, der auf paradoxe Art und Weise Staat und Religion verschränkt, wie es nur aus Gottesstaaten bekannt ist. Denn seitdem ist der größte religiöse Akteur der Staat selbst. Er kontrolliert den Religionsunterricht in den Schulen. Über die 1924 geschaffene staatliche Religionsbehörde Diyanet kümmert er sich um die Ausbildung und Besoldung der Imame, der Vorbeter beim islamischen Gebet, und der Muezzine, der Ausrufer in der gesamten Türkei. Von diesem Amt für religiöse Angelegenheiten, das direkt dem Ministerpräsidenten untersteht, werden allwöchentlich die Freitagspredigten für alle Moscheen des Landes einheitlich verfasst. Über das Tochterunternehmen DITIB werden sie auch in Deutschland verbreitet.

Im wieder eingeführten staatlichen Religionsunterricht, nunmehr einem Pflichtfach, wird zudem nur der sunnitische Islam gelehrt. Andere Konfessionen wie die Aleviten, die in keine Moschee gehen, haben hier keinerlei Zugang. Dies betrifft Schätzungen zufolge bis zu zwanzig Millionen Menschen in der Türkei, offizielle Zahlen gibt es nicht. Das ist in etwa so, als würde man im Religionsunterricht hierzulande alle Protestanten im Dogma des Papsttums unterweisen, und zwar verpflichtend. Zudem wurden seit Regierungsantritt der AKP 1 500 staatliche Gymnasien in religiöse Imam-Hatip-Schulen umgewandelt. Auch symbolisch ließ man nichts unversucht, die Aleviten in der Türkei zu demütigen. So heißt die dritte Bosporus-Brücke Yavuz-Sultan-Selim-Brücke, benannt nach Selim I. Bei der Grundsteinlegung 2013 jubelte der damalige türkische Staatspräsident Abdullah Gül: »Wir haben diesen Namen gewählt, um diesem großartigen Sultan unseren Dank zu zeigen, der das Osmanische Reich in alle Richtungen vergrößert hat, der großartige Eroberungen eingefahren und zahlreiche islamische Relikte nach Istanbul geholt hat.« Sultan Selim – Beiname »der Grausame« – aber gilt als der große Alevitenschlächter. 40 000 Aleviten sollen unter seiner Regentschaft Anfang des 16. Jahrhunderts hingemordet worden sein. Vertreter der alevitischen Gemeinde konstatierten denn folgerichtig: »Hier geht es am

Ende nicht um einen Brückennamen, sondern um eine Botschaft an uns Aleviten: Aus religiöser Sicht sind wir Bürger zweiter Klasse. Erste Wahl ist in diesem Staat der sunnitische Islam.« 36 Sultane hatten als Namensgeber zur Auswahl gestanden. Die AKP wählte denjenigen, der für die religiöse Minderheit der Aleviten die größtmögliche Provokation darstellt.

Ursprünglich für die Ausbildung islamischer Geistlicher zuständig, erfreuen sich die Imam-Hatip-Schulen in konservativen Kreisen mittlerweile als allgemeinbildende Schulen zunehmender Beliebtheit. Erdogan selbst war Absolvent einer solchen Schule. Im Jahr 2012 brachte er als Regierungschef eine »Schulreform« auf den Weg, von der Kritiker der AKP zu Recht sagten, sie habe eine islamistische Gehirnwäsche von Millionen Kindern eingeleitet. »4 + 4 + 4« lautet die Kurzformel des neuen Systems: zwölf Jahre Schulpflicht – vier Jahre Grundschule, gefolgt von vier Jahren Mittelschule und vier Jahren Oberschule. Die Türkei als aufstrebende Regional- und Wirtschaftsmacht brauche gut ausgebildete Arbeiter, Ingenieure und Akademiker, argumentierte die Regierung. Erstmals seit einer vom Militär 1997 oktroyierten Verfassung durften Islam-Schulen als Mittelschulen tätig sein und Kinder ab elf Jahren indoktrinieren. Imam-Hatip-Absolventen wurden schließlich auch zur höheren Offizierslaufbahn zugelassen.

Erdogan nutzte die staatliche Religionsbehörde voll für seine Zwecke. So kontrollierte nicht der Staat die Gefahr des Islamismus, sondern die politische Religion wurde immer mehr durch den Staat verbreitet. Die Moscheen wurden dazu zu Kampfplätzen der Verbreitung der neuen Ideologie: Religion als Waffe in den Händen einer autoritären Bruderschaft. So setzte Erdogan auch auf eine enorme Neubaurate an Moscheen, die völlig disproportional zum Bevölkerungszuwachs war. Durchschnittlich wurden pro Jahr 1 500 neue Moscheen in seiner Regierungszeit gebaut. Laut Informationen der Diyanet und Beobachtern ist die Zahl so auf insgesamt 90 000 Moscheen gestiegen. Die Zahl der weiterführenden Schulen blieb hingegen gleich. Zu den größten Prestigeprojekten Erdogans gehört die Errichtung einer Moschee der Superlative auf dem Camlica-Hügel auf der asiatischen Seite von Istanbul. Dieses Gotteshaus ist noch in Bau, bis zu 50 000 Menschen sollen darin Platz finden. Die Moschee bekommt auf Geheiß Erdogans die höchsten Minarette der Welt, sechs an der Zahl, vier davon 107,1 Meter hoch. Sie sollen auf das Jahr 1071 und den Sieg der Seldschuken über die Byzantiner in der Schlacht bei Manzikert hinweisen. Die beiden anderen Türme sind immer noch neunzig Meter hoch. Auf einer Fläche von 11 000 Quadratmetern sollen in einem Museum im Moschee-Komplex türkisch-islamische Werke präsentiert werden.

Auch ein islamistisches Frauenbild wurde unter der AKP immer weiter forciert. Aus dem Kampf gegen das Kopftuchverbot an Universitäten wurde ein immer stärkerer gesellschaftlicher Zwang für Frauen, das Kopftuch zu tragen. Dies führt dazu, dass mittlerweile Frauen, die kein Kopftuch tragen, auf offener Straße angesprochen werden, dies zu tun. Die religiösen Eiferer fühlen sich massiv ermutigt. Auch wenn man bisher dem gesetzlichen Kopftuchzwang der Islamischen Republik Iran nicht nacheifern will, ersetzt ein religiöser Tugendterror immer stärker den Gesetzeszwang. Erdogans Initiativen für ein De-facto-Abtreibungsverbot und für ein Verbot von Kaiserschnitten setzen ganz klar auf eine Türkei, in der jede Frau drei, besser fünf Kinder hat. Islamistische Vorstellungen sind auch hier als Teil einer nationalreligiösen Machtvision die treibende Kraft für den Umbau der türkischen Gesellschaft.

Bis 2023, zum 100. Geburtstag der Republik, soll die türkische Bevölkerungszahl von derzeit knapp 75 Millionen auf neunzig Millionen steigen, so Erdogans ehrgeiziges Ziel. Das zu erreichen, ist ihm kein Argument und Coup zu schäbig. Auf einem Frauenkongress seiner AKP im Mai 2012 bekundete er: »Abtreibung ist Mord« – und eine Art Landesverrat. Die Türkei lebe schließlich von ihrer jungen, dynamischen Bevölkerung. Abtreibungen würden mithin das Bevölkerungswachstum schmälern und damit der türkischen Republik schaden. Statt in bessere Bildung, Aufklärung und Verhütung zu investieren, setzte er alles daran, die Frauen in die Illegalität zu treiben. Die zehnwöchige Abtreibungsfrist sollte auf vier oder fünf Wochen reduziert werden. Das wäre einem Verbot gleichgekommen, da Schwangerschaften häufig erst nach dieser Zeit erkannt werden. Auch die Geburt per Kaiserschnitt lehnte Erdogan ab. Frauen, die einmal so entbunden hätten, könnten nicht mehr ausreichend Kinder bekommen, gab der Premier sein vermeintliches gynäkologisches Fachwissen kund. Immerhin: Die Empörung über diese Pläne nicht nur im Ausland, sondern auch in der Türkei selbst war so groß, daß die AKP davon vorerst abrücken musste.

Man muss sich fragen, wer diese Leute waren und sind, die so zielstrebig das türkische Staatsschiff in Richtung Islamismus steuern. Einen davon konnte ich persönlich kennenlernen, als ich mich 2008 in der Türkei für die Wiederzulassung des linken Senders Hayat TV einsetzte. Dies verschaffte mir die Gelegenheit, ein Gespräch mit Mehmet Aydin zu führen. Der Staatsminister a.D. und frühere Religionsminister war seinerzeit verantwortlicher Minister für Medien und Informationstechnologie. Wenn man so will, war er der Intellektuelle an der Seite Erdogans in dessen Kabinett. Aydin ist Professor für Theologie und ein durch und durch akademisch geprägter Mann. Bei unserer Begegnung fiel mir seine kultivierte Art auf. Mein Eindruck war bereits damals, dass ich hier einen der Chefideologen der AKP-Regierung vor mir hatte. Später erfuhr ich, dass Aydin lange Jahre ein gern gesehener Gast bei der Konrad-Adenauer-Stiftung und der Hanns-Seidel-Stiftung war. Ich fragte hinterher Linke in der Türkei, ob sie den Mann kennen würden, aber die meisten hatten ihn überhaupt nicht wahrgenommen. Dabei war Aydin, wenn die Version eines seiner ehemaligen Kabinettskollegen stimmt, einer von zwei Ministern, die bereits 2003 gegen die Unterstützung des US-amerikanischen Einmarsches im Irak stimmten. Anders als die Mehrheit der AKP-Kabinettsmitglieder war er damals schon bereit, die USA stärker herauszufordern. Aydin setzte auch nicht auf die offene Unterdrückung, sondern pries das Millet-System des Osmanischen Reiches für anerkannte religiöse Minderheiten als Vorbild. Das heißt, er wollte diese Minderheiten als besondere Religionsgemeinschaften (Millets) organisiert und mit gewissen Befugnissen ausgestattet wissen, ihre Angelegenheiten selbst zu regeln. Im Konfliktfall aber würde das islamische Recht, die Scharia, gelten. Schiiten, Alawiten und Aleviten als Abweichungen von der Sunna der Kalifendynastie sollten sich unterordnen und keinen eigenen rechtlichen Status genießen.

Auch den weitverbreiteten Anti-Darwinismus in der AKP wollte er nicht par ordre du mufti durchsetzen lassen. Aydin war vielmehr der Ideologe des gesellschaftlich vorangetriebenen Islamismus, der nach außen, auch um die Unterstützung für dieses Modell im Westen nicht zu gefährden, scheinbar auf einen Dialog der Zivilisationen und Toleranz setzte. Beim »interreligiösen Dialog« der Hanns-Seidel-Stiftung im November 2012 widersprach Aydin der bekannten These des US-Amerikaners Samuel Huntington, wonach das zukünftige Konfliktpotential in den kulturellen Widersprüchen zwischen »dem Islam« und »dem Westen« liege. Die Unterscheidung zwischen »Islam« und »Westen« hinke, die Türken seien seit Jahrhunderten integraler Teil des westlichen Europas und hätten gemeinsam die europäische Geschichte mitgestaltet. Nicht in einem »clash of civilizations« liege das Kernproblem, sondern in einem »clash of ignorance«, einer fehlenden Kenntnis und in einem mangelnden Empathievermögen auf allen Seiten. Das Toleranzgebot des Korans kenne keinen Zwang zur Missionierung von Nichtmuslimen, so der Theologieprofessor damals.

Wenn man so will, ist diese Maske der AKP insgesamt gefallen. Der Putsch Erdogans setzt auf die offensive Einschüchterung und Verfolgung religiöser Minderheiten. Doch belässt man es seit dem Sommer 2016 nicht nur beim Entsenden von Schlägertrupps in Stadtviertel, in denen viele Aleviten wohnen. Bei »Treuekundgebungen« für Erdogan nach dem Putschversuch, so berichtete die Katholische Nachrichtenagentur (KNA), sollen die Demonstranten gemeinsam mit Anhängern der faschistischen Grauen Wölfe »Allahu ekber!« (»Gott ist groß!«) skandiert und die katholische Marienkirche in Trabzon verwüstet haben. Bereits im Februar 2011 war die Kirche von einem Mob attackiert worden. Und 2006 war eben dort der Priester Andrea Santoro von einem nationalistischen Jugendlichen erschossen worden, der sich an ihm für die dänischen Mohammed-Karikaturen rächen wollte. Später wurde bekannt, dass die Polizei den Geistlichen monatelang abgehört hatte. Es passt leider zum Bild dieser AKP, dass der Mörder des Priesters Santoro im August 2016 mit Zehntausenden anderer Häftlinge freigelassen wurde, nachdem er nur wenige Jahre seiner Strafe verbüßt hatte, um in den türkischen Haftanstalten Platz für neue Häftlinge zu schaffen, die in Folge von Erdogans Putsch nach dem 15. Juli 2016 festgenommen wurden.

Doch nicht nur der Mob, auch die AKP-Minister wüten mittlerweile gegen Andersgläubige. Bereits im März 2016 hat die türkische Regierung auf einen Schlag alle Kirchen in der historischen Altstadt von Diyarbakir in Südostanatolien verstaatlicht. Wie die armenische Wochenzeitung *Agos* berichtete, war von dem Coup auch die armenische Surp-Giragos-Kirche betroffen, eine der größten Kirchen im Nahen Osten, sowie je eine protestantische, chaldäische, syrisch-orthodoxe und armenisch-katholische Kirche. Laut KNA war damit »in der mesopotamischen Metropole, die auf eine lange christliche Tradition zurückblickt, nun keine einzige Kirche mehr zum Gottesdienst geöffnet«. Der *Resmi Gazete*, dem türkischen Staatsanzeiger, zufolge waren von der Verstaatlichung im Eilverfahren außer den Kirchen auch 6300 weitere Grundstücke in der Altstadt betroffen, die nach monatelangen Kämpfen zwischen Kurden und türkischen Sicherheitskräften schwer zerstört worden war.

Die Zwangsenteignung war Teil der Aufstandsbekämpfung. Der Direktor des staatlichen Stiftungsamtes, Adnan Ertem, behauptete etwa laut der Wochenzeitung *Agos* allen Ernstes, die Verstaatlichung diene dem Schutz und dem Erhalt der historischen Bauten. Der Schritt sei notwendig gewesen, um der planlosen Bebauung der Altstadt Einhalt zu gebieten und die Schwarzbauten abzureißen. Die historischen Bauwerke würden geschützt, dessen könnten alle sicher sein. Diyarbakir werde »so schön wie Toledo«, bekundete der damalige Ministerpräsident Ahmet Davutoglu auf dem Höhepunkt des staatlichen Zerstörungswerks.

Es wäre absurd zu glauben, die große Säuberungswelle, bei der über 60000 Staatsbedienstete entlassen oder suspendiert wurden, wie auch die Verhaftungen von mehr als 18000 Menschen im Gefolge des gescheiterten Putsches richteten sich in ihrer großen Mehrzahl gegen die Gülen-Sekte oder die Putschisten selbst. Nein, es geht vielmehr darum, das Rad der Geschichte endgültig zurückzudrehen und ein verlorenes Reich wiederzuerrichten, dieses Mal auf klarer islamistischer Grundlage. Alle, die dabei im Wege stehen könnten, werden entmachtet. Den entlassenen 3000 Richtern wurde sogar ihr Vermögen genommen. Dabei bedient sich Erdogans neuer Staat genau der laizistischen Instrumente Atatürks, indem er sie umdreht und gegen ihn wendet. Ähnliches gilt übrigens für den Umgang mit religiösen Sekten. Atatürk selbst ist durch Erdogans Putsch nicht mehr als nur noch der Grüß-August der islamistischen Diktatur im Werden. Sein Bild, das weiterhin Amtsstuben und öffentliche Plätze in der Türkei schmückt, wird von den islamistischen Eiferern Erdogans als Letztes abgenommen werden.

13 Muslimbrüder versus Gülen

Der türkische Staatsgründer Mustafa Kemal Pascha, genannt Atatürk, hatte 1925 alle religiösen Orden verbieten, ihre Stiftungen auflösen, ihr Land konfiszieren lassen. Man könnte meinen, mit seiner Hatz auf die Gülen-Sekte 2016 stehe Recep Tayyip Erdogan in direkter Tradition der Ausschaltung konkurrierender Machtzentren. Und der Präsident richtet seine Aktivitäten auf die vermeintlichen Verschwörer, die den gesamten Machtapparat unterwandert haben. Aber bis 2013 waren er und der Prediger und Sektenchef Fethullah Gülen beste Freunde. Und genau dies war seine Stärke im Vergleich zu seinem islamistischen Vorgänger Necmettin Erbakan. Erbakan war es gelungen, am 28. Juni 1996 die Regierung der türkischen Republik zu bilden. Gegen seine Pläne, die religiösen Imam-Hatip-Schulen mit den Regelschulen gleichzustellen, um die von ihm angestrebte Islamisierung voranzutreiben, drohte das Militär vorzugehen. Es belegte ihn mit einem Politikverbot, und Erbakan zog sich zurück.

Erdogan war Erbakan eng verbunden und hatte es bereits als Student zum Vorsitzenden der Istanbuler Jugendorganisation von Erbakans Nationaler Heilspartei gebracht. Aber im Unterschied zu Erbakan suchte er nach seinem Amtsantritt nicht die direkte Konfrontation und versuchte seine Islamisierungspläne auf in der Gesellschaft verankerte Organisationen zu stützen. Gülen war deshalb wie geschaffen für Erdogans Strategie der

Unterwanderung. So betont Klaus Kreiser in seiner *Geschichte der Türkei*: »Erdogan gelang es im Gegensatz zu Erbakan, die Anhänger der ›Gemeinde‹ (*cemaat*) Fethullah Gülens ins Boot zu holen.«[3] So erklärt sich der lange gemeinsame Weg der beiden im Kampfbund gegen den säkularen Staat. Doch in der Frage der Dauer und der Natur des strategischen Bündnisses mit dem Westen lag der Keim für den tödlichen Konflikt.

Man kann diesen Konflikt zwischen diesen nun feindlichen Brüdern, die sich bis aufs Messer bekämpfen, nur verstehen, wenn wir auf die kurze Gewaltherrschaft der Muslimbrüder in Ägypten unter Präsident Mohammed Mursi sowie den Putsch von General Abdel Fattah al-Sisi mit seiner anfänglichen Massenmobilisierung schauen. Nach der ägyptischen Revolution und dem Sturz des Langzeitherrschers Hosni Mubarak im Februar 2011 stellten die Muslimbrüder mit Mursi zum ersten Male in ihrer Geschichte den Staatschef in Kairo. Durch ein autoritäres, islamistisches und neoliberales Programm brachten sie allerdings binnen kurzem große Teile der ägyptischen Gesellschaft gegen sich auf. Dies wiederum nutzte das ägyptische Militär mit al-Sisi an der Spitze Anfang Juli 2013 zu einem Putsch mit blutiger Repression gegen die weiter protestierenden Islamisten. Vorausgegangen waren die Gründung einer anti-islamistischen Nationalen Rettungsfront, die viele Parteien umfasste, aber auch die Sammlung von Millionen Unterschriften und schließlich die Massendemonstrationen des 30. Juni, die nach unterschiedlichen Angaben über zehn Millionen Menschen gegen Mursi auf die Straße brachten. Dabei mobilisierte das alte System kräftig mit, aber ohne den massiven Dissens in der Arbeiterklasse und die Mobilisierung der religiösen Minderheiten wäre diese Riesenzahl von Demonstranten gewiss nicht erreicht worden. Die koptische Gemeinde stand Mursi von Beginn an skeptisch gegenüber, da sie ihre Rechte und ihre Existenz durch den heraufziehenden Islamismus bedroht sah. Aber auch, und das ist viel weniger diskutiert, die Sufi-Orden sahen sich unter der Herrschaft Mursis durch das enge Islam-Verständnis der Muslimbrüder herausgefordert. Es ist nicht unwahrscheinlich, dass ein Teil der zehn Millionen Angehörigen der islamischen mystischen Bruderschaften des Sufismus in Ägypten gegen den Muslimbruderpräsidenten auf die Straße ging. Man muss dazu wissen, dass die Sufis in Ägypten lange schon über einen quasi-verstaatlichten Obersten Rat der Sufi-Orden auch für die Interessen der ägyptischen Armee instrumentalisiert werden konnten. Aber auch hier gilt, dass es ohne den islamistisch-autoritären Kurs Mursis wohl keine derartige Gegenmobilisierung gegeben hätte.

Genau hier setzt das wachsende Misstrauen zwischen Erdogan und Gülen an. Verlautbarungen, es wäre bei dem Zwist zwischen den beiden langjährigen Verbündeten um die Kurden gegangen bzw. um die Haltung zu deren Emanzipationsbewegung, sind wenig glaubhaft. Tatsache ist, dass sich Gülen gerade in den kurdischen Gebieten mit Schulen und Bildungseinrichtungen besonders stark engagierte und das auch staatlich so gewollt war. So sollte ein Aufbegehren der Kurden gegen die Unterdrückungspolitik Ankaras, die jede Autonomieforderung im Keim ersticken wollte, verhindert werden. Gülen gilt zudem als eng mit einer Spielart des Sufi-Ordens verbunden, der Nurculuk-Bruderschaft (»Anhänger des Lichts«). Deren Gründervater Said Nursi hatte als islamischer kurdisch-türkischer Gelehrter alle laizistischen Reformen in der Türkei abgelehnt. Die Nursi-Anhänger wurden bereits in den 1970er Jahren gegen Linke in der Türkei in Stellung gebracht.

Bei den Gülen-Anhängern, so der vielfach vorgebrachte Vorwurf, handele es sich um eine Geheimgesellschaft, die den Aufstieg des Muslimbruders Erdogan auch deshalb gefördert habe, um ihren eigenen Einfluss zu stärken. Tatsache ist jedenfalls, dass Erdogan sie gewähren ließ. Die Bewegung Fethullah Gülens wurde zu einem Staat im Staate. Denn ihr gemeinsamer Aufstieg war ein Geben und Nehmen, auch deshalb, weil Gülen seit 1999 im Exil in den USA lebt und sich als Person nicht in den Machtkampf innerhalb der AKP einmischte. Gülen hielt Erdogan gegenüber dem Westen den Rücken frei. Denn als eine im Westen oft völlig missverstandene Figur schaffte er es, sich als moderne Variante des Islam zu präsentieren, die auf Bildung statt auf Moscheebau setzte. Und in der Tat sollten die Bildungseinrichtungen zu den Stützen des neuen Systems werden. Auch hier ging es nicht um einen islamisch erneuerten Konservatismus, sondern um die Rückendeckung für eine Durchislamisierung der ganzen Gesellschaft, bei der am Ende auf ganz und gar friedliche Weise den Islamisten der Sieg zufallen würde. So sollen Gülen-Anhänger gerade in den Sektoren Bildung, Polizei und Justiz immer mehr Posten erhalten haben. Dies dürfte eine der Erklärungen dafür sein, warum Erdogan in diesen Institutionen nach dem Putschversuch im Sommer 2016 besondere »Säuberungen« durchführen ließ. Hier war seine Paranoia jedenfalls besonders groß.

Der ägyptische 30. Juni 2013 war eine Situation, die Erdogan im eigenen Land unter allen Umständen verhindern wollte. Er wusste, dass die säkularen Kräfte in der Türkei viel zu schwach für einen Putsch sein würden, da der Staatsapparat bereits seit 2001 sukzessive umgebaut worden war. Allein, Gülen schien noch über genügend Anhänger in den staatlichen Institutionen zu verfügen, um einen solchen Schritt im Bündnis mit dem Militär (oder zumindest mit Teilen des Militärs) wagen zu können.

Erdogan wollte kein zweiter Mursi sein, der sich am Ende eines von Gülen unterstützten Putsches in einer türkischen Todeszelle wiederfinden würde. Doch dazu kam es aus bekannten Gründen nicht. Anders als in Ägypten konnte die Sufi-Gesellschaft der Gülenisten zwar auf Mitglieder im Staatsapparat bauen, aber eine Massenmobilisierung oder auch nur ein Beitrag dazu ist völlig ausgeschlossen, auch da sie lange mit zur Speerspitze gegen den säkularen Teil der Gesellschaft gehörte.

Was wir deshalb in der Türkei erleben, ist ein Putsch in Zeitlupe. Erdogan nutzt die Situation nicht nur, um ja alle potentiellen Gülenisten aus dem Staatsapparat zu drängen, sondern auch, um die Reste der säkularen Kräfte zu beseitigen. Diese sind inzwischen völlig eingeschüchtert. So zog Kemal Kilicdaroglu, Chef der kemalistischen CHP und Vorsitzender der größten Oppositionsfraktion in der türkischen Nationalversammlung, alle Anzeigen gegen Erdogan zurück. Ein Klima der Angst und der Einschüchterung legt sich über die Türkei. Viele Freunde von mir im Land sprechen davon, die Situation gleiche der zu Beginn der islamischen Revolution im Iran. Es ist eine Situation, die auf den institutionalisierten Bürgerkrieg gegen Andersdenkende angelegt ist und die die Massen angesichts einer sich zuspitzenden wirtschaftlichen Situation nach dem Abzug von Investorengeldern und dem Einbruch des Tourismus weiter radikalisieren wird.

Warum aber hätte Gülen einen solchen Destabilisierungsversuch unterstützen sollen? War er mit Erdogan nicht gut gefahren? Was bewirkte wirklich das zunehmende Misstrauen Erdogans, der bereits ab 2013 mit seinem Amoklauf gegen die Gülenisten begann? Eine der Hauptauseinandersetzungen zwischen beiden im Lichte des Scheiterns der Muslimbrüder in den arabischen Revolten war wohl die Frage des Verhältnisses zum Westen. Um eine Wiederholung des Militärputsches von 1997 zu vermeiden, durch den eine islamistische Regierung unter dem Premier Necmettin Erbakan entmachtet worden war, setzten beide auf eine Rückendeckung von EU und NATO. Sie wollten die kemalistische Elite gefahrlos entmachten, denn dies war und ist bei ihrem Projekt des islamistischen Umbaus der türkischen Gesellschaft die entscheidende Voraussetzung.

Der Fall Ägypten war für beide ein warnendes Beispiel. Hier wurden die Muslimbrüder an der Macht vom Westen anfänglich unterstützt. Man hoffte auf ihr Kairoer Regime als neoliberal-autoritärer Ordnungsfaktor in der Region. Gerade die Bundesregierung tat sich hier besonders hervor, indem sie Mursi trotz zunehmender autoritärer Tendenzen als Staatsgast nach Berlin einlud und ihn regelrecht hofierte. Umso besorgter zeigte man sich, als sich das Ägypten der Muslimbrüder aus westlicher Sicht im Hinblick auf die Durchsetzung geopolitischer Interessen als unzuverlässig erwies. Eines der Menetekel dürfte wohl die erlaubte Durchfahrt iranischer Kriegsschiffe durch den Suez-Kanal im Februar 2011 gewesen sein – undenkbar unter Mubarak. Dies dürfte es zumindest erleichtert haben, Saudi-Arabien, den erklärten Feind des Iran, als Finanzier eines Post-Mursi-Regimes zu gewinnen und für ein Vorgehen gegen die Muslimbrüder grünes Licht zu erhalten. Bei der Ägypten-Frage ging es also darum, wie sehr man den Westen brauchen würde, um weiterhin das eigene Projekt voranzutreiben.

Erdogan muss 2013 zu der Erkenntnis gekommen sein, dem Westen nicht trauen zu können, weil dieser Mursi kalt abserviert hatte und ihm nun Ähnliches drohen könnte. Gülen aber setzte weiterhin auf den Westen. Für ihn ließ sich ein Großkonflikt mit den USA nicht durchstehen, und die Zeit für eine Machtergreifung war noch nicht reif. Zudem könnten auch die zunehmenden Übergriffe auf Sufi-Orden in Ägypten unter der Herrschaft der Muslimbrüder Erdogans Misstrauen bestärkt haben. So musste Gülen für ihn zu einem Agenten des Westens werden, während Gülen als Unterstützer nur noch der Westen blieb. Folgerichtig war es dann auch im Juli 2016 das Ägypten al-Sisis, das sich, während sich alle anderen Mitglieder im UN-Sicherheitsrat in der Verurteilung des Putsches nach seinem Scheitern überschlugen, als einziges Land neutral verhielt und in diesem Gremium eine Verurteilung des Putschversuchs in der Türkei blockierte.

Bis zum August 2016 waren Einschätzungen, die die Türkei Erdogans als Hort des Islamismus und internationale Heimstätte der Muslimbruderschaft ansahen – zumindest die Einschätzungen, die an die Öffentlichkeit gelangten –, in der Bundesregierung völlig tabu. Auch Merkel und ihr Kabinett sangen bis dato fleißig das Lied der islamisch-konservativen AKP. Von Islamismus war keine Rede. Dann aber platzte durch die Veröffentlichungen der ARD über die wirklichen Einschätzungen der Bundesregierung förmlich die Bombe. In einer als vertraulich eingestuften, aber dann der *Tagesschau* zugespielten Antwort auf eine Kleine Anfrage von mir sah das Innenministerium die Türkei als »zentrale Aktionsplattform für islamistische Gruppierungen«. Für diese Einschätzung wiederum spielten »die zahlreichen Solidaritätsbekundungen und Unterstützungshandlungen für die ägyptische MB« (gemeint ist mit diesem Kürzel die Muslimbruderschaft) eine zentrale Rolle. Rolf Mützenich, mein SPD-Kollege im Auswärtigen Ausschuss, wollte die Antwort des Innenministeriums nicht als offizielle Position der Bundesregierung gelten lassen und versuchte sich an einer Entdramatisierung: »Zweifellos hat die AKP-Führung in den letzten Jahren versucht, sich zum Leitbild der Muslimbruderschaften zu stilisieren, allerdings mit mäßigem Erfolg.« Das betreffe auch Gruppen, die sich zum Einsatz von Gewalt bekennen würden. Allerdings wies die Einschätzung der Bundesregierung in eine ganz andere Richtung. Denn gerade für die Muslimbrüder ist die Türkei Erdogans *das* Exilland, über das sie versuchen, auf einen Umsturz in Ägypten hinzuarbeiten.

Wie gut die Tarnung des Muslimbruders Erdogan funktionierte, durfte ich auch selbst innerhalb linker Zusammenhänge erfahren. Wenn man vom Islamismus sprach, wurde einem die offizielle Sprachregelung entgegenhalten – und die hieß »islamisch-konservativ«. Obwohl der Umbau der Gesellschaft seit der Niederschlagung der Gezi-Proteste immer ruchbarer wurde,

wurde dem von EU, NATO und Bundesregierung vorgegebenen Interpretationsrahmen nur allzu oft weitgehend gefolgt.

Dabei liegt die ursprüngliche Ideologie Erdogans offen auf der Hand. Alles, was er seit seinen politischen Anfängen tat, war notwendige Verstellung auf dem Weg zur Macht. 1998 sagte er: »Die Demokratie ist nur der Zug, auf den wir aufsteigen, bis wir am Ziel sind. Die Minarette sind unsere Bajonette (...), die Moscheen sind unsere Kasernen.« Gülen hingegen musste über die Frage, wie lange eine Türkei auf dem Weg zum Islamismus noch das Bündnis mit dem Westen brauchen würde, zum Todfeind Erdogans werden. Gerade aber an der deutschen Bundeskanzlerin und der Bundesregierung konnte Erdogan demonstrieren, wie willfährig man sich gegenüber seinen immer neuen Zumutungen verhielt, weil Berlin glaubte, zur Durchsetzung von Flüchtlingsabwehr, Geopolitik und Kapitalexport auf die Türkei angewiesen zu sein. Das duckmäuserische Verhalten Merkels und Steinmeiers gab Erdogan historisch gegenüber Gülen recht. Alles spricht dafür, dass der Westen auf eine enge Partnerschaft auch mit einer islamistischen Diktatur Türkei setzt, solange nur seine Interessen halbwegs bedient werden. Als Beispiel eines solchen Deals mag nur das Bündnis mit den Diktaturen am Golf und insbesondere mit Saudi-Arabien gelten.

Die Gleichschaltung und die Säuberungen nach dem Erdogan-Putsch bedeuten in jedem Falle eine Verschärfung der islamistischen Agenda. Deshalb sind die Einschätzungen völlig überholt, zu denen die Erdogan-Biographin Cigdem Akyol in ihrem vor dem 15. Juli publizierten Buch gelangt. Sie konstatiert lediglich, dass »der Einfluss der Religiösen in Erdogans Türkei gestiegen ist«[4], spricht von »Erdogans intransparentem Engagement im syrischen Bürgerkrieg« und nicht etwa von seiner Unterstützung islamistischer Terrormilizen im Nachbarland und kommt deshalb zu dem Schluss, es deute »wenig darauf hin, dass Erdogan heute noch ein Islamist« sei. Selbst Akyol muss allerdings darauf verweisen, dass es doch auch gewichtige Argumente für die Islamisten-These gibt. Anlass dazu gebe »vor allem Erdogans politische Vergangenheit, die unbestritten im islamistischen Milieu liegt. (…) Erdogan wurde in der Milli-Görüs-Bewegung politisch sozialisiert – zu einer Zeit, als einerseits strikter Laizismus die politische Linie bestimmte, andererseits Politiker wie Erbakan jedoch bewiesen, dass islamische Themen erhebliche Zugkraft hatten. Eine Re-Islamisierung der türkischen Gesellschaft gehörte schon immer zu Erdogans Wunschvorstellung, wobei er auch immer ein Bedürfnis zeigte, das Volk nach religiösen Vorstellungen zu erziehen – und somit zu bevormunden.«

Erdogan war 1998 wegen islamistischer Äußerungen zu einer zehnmonatigen Freiheitsstrafe und einem lebenslangen Politikverbot verurteilt worden. Nach seiner Haftentlassung 1999 hatte er geschworen, Laizist zu werden. Das war, wie Akyol betont, damals schon unglaubwürdig. Aber es war aus der Sicht des heutigen Staatspräsidenten notwendig, um den Weg zur Macht beschreiten zu können und seinem islamistischen Projekt zum Sieg zu verhelfen. Doch allen Provokationen zum Trotz bleibt Erdogan deshalb ein treuer Knappe Washingtons und Berlins. Noch ist seine islamistische Diktatur nicht gefestigt. Noch braucht er den Westen, aber er hat ihn anscheinend besser verstanden als Gülen, den es den Kopf kosten könnte, wenn die USA sich doch entscheiden sollten, ihn auszuliefern.

14 Gezi-Park

Am Gezi-Park entzündete sich vor wenigen Jahren der größte Aufstand gegen den Neoliberalismus, die autoritäre Regierungsform und den zunehmenden Islamismus in der Türkei. Gleich neben dem zentralen Taksim-Platz in der Metropole am Bosporus für die alljährliche 1.-Mai-Demonstration gelegen, wurde der Park zum Kristallisationspunkt der Proteste gegen Erdogan. An der Frage des Erhalts des Gezi-Parks in Istanbul entwickelten sich im Frühjahr und Sommer 2013 heftige Auseinandersetzungen um den politischen Kurs der Türkei. Erdogan, zu jener Zeit noch Ministerpräsident und vormaliger Bürgermeister von Istanbul, war in Verdacht geraten, er wolle sich in osmanischer Manier Denkmale schaffen, um seine Macht und den Führungsanspruch in der Türkei zu untermalen. Dazu gehörten die dritte Bosporus-Brücke, ein geplanter Kanal vom Schwarzen Meer zum Marmarameer, die Trabantenstadt Istanbul Metropolitan, die geplante Errichtung einer Großmoschee auf dem Camlica-Hügel und nun der Bau eines Einkaufszentrums auf dem Gelände des Gezi-Parks, dessen Architektur an die osmanische Topcu-Kaserne erinnern soll, welche unter Atatürk abgerissen wurde. Mit dem Gezi-Park wäre einer der wenigen Parks im Zentrum Istanbuls beseitigt worden, aber er wurde zunehmend zu einem Symbol um mehr. Anfangs forderten die Protestierenden bloß den Stopp der Bauarbeiten, die auf obskure Weise zustande gekommen waren. Sie wehrten sich aber auch gegen Erdogans Großmannssucht. Später kamen als Forderungen dazu die Freilassung aller bisher Festgenommenen und Verhafteten, die Zusicherung des Verzichts auf Strafverfolgung, der Rücktritt des Polizeipräsidenten und Gouverneurs von Istanbul, das Verbot des Einsatzes von Reizgas durch die Sicherheitskräfte und die Aufhebung von Versammlungsverboten auf öffentlichen Plätzen wie dem Taksim-Platz.

Anfangs konzentrierten sich die Proteste auf Istanbul. Doch nach und nach griffen sie auf die ganze Türkei über. In einer Umfrage gaben neun von zehn Demonstranten an, aus Verärgerung über die ihrer Meinung nach autoritäre Haltung von Regierungschef Erdogan auf die Straße zu gehen. Nun stand, nach jahrelanger Duldung, der brachiale Neoliberalismus des Premiers und der AKP mit seiner Mischung aus Tugendterror, Privatisierung und Bereicherung für die Reichen im Fokus der Kritik. Soziale Forderungen waren eine wesentliche Triebfeder des Protests. Aber auch friedenspolitische Motive wie die Kritik an der neo-osmanischen Außenpolitik Erdogans und dessen Unterstützung von Al-Qaida-Kämpfern in Syrien spielten eine immer größere Rolle. Mit den Forderungen weitete sich der Protest von der Hauptstadt Ankara auch auf Izmir sowie viele kleinere Städte in Mittel- und Ostanatolien aus. Es gab plötzlich eine so bisher noch nie dagewesene Mobilisierung in der türkischen Gesellschaft.

Auf diese für sie ungewohnte Situation reagierte die AKP mit polizeilicher Gewalt und furchtbaren Verbrechen gegen die Protestierenden. Mit einem ungeheuren Mut gingen die Demonstranten immer wieder auf die Straße und forderten ein Ende dieses Terrorregimes ein.

Aus einer Umfrage der Istanbuler Bilgi-Universität unter den Protestierenden wurde klar, dass mehr als die Hälfte der Demonstranten zum ersten Mal in ihrem Leben an politischen Kundgebungen teilnahmen. Nur etwas über 15 Prozent der Demonstranten bezeichneten sich demnach als Anhänger einer politischen Partei. Das war auch mein Eindruck nach all den Gesprächen damals in Istanbul. Kommunistische, sozialistische bzw. linke Gruppen spielen aber trotzdem mit ihren Strukturen eine wichtige Rolle. Das Gleiche gilt auch für säkulare, sozialdemokratische und alevitische Jugendliche. Sie brachten nicht zuletzt die nötige politische Erfahrung im Umgang mit dem AKP-Repressionsapparat mit.

In deutschen und internationalen Medien wurde bezüglich der Ereignisse sehr schnell von einem »türkischen Frühling« geschrieben. Über diesen Vergleich regten sich die Protestierenden zu Recht auf. Denn anders als beim arabischen Frühling, anders als etwa in Ägypten oder auch Tunesien gaben hier keine Muslimbrüder und Islamisten zunehmend den Ton an. Im Gegenteil, »Gezi« war ein regelrechter Aufstand gegen Erdogans Marsch in einen islamistischen Unterdrückungsstaat vor dem Hintergrund, dass die gesellschaftliche Repression durch die schleichende Islamisierung bereits 2013 enorm war.

2013 war für Bundesregierung wie für die EU die letzte Chance, im Umgang mit Ankara einen anderen Akzent zu setzen. Doch es kam anders. Wieder blieb deutliche Kritik an der Niederschlagung der Gezi-Proteste aus. Die Verprügelten in Istanbul, Ankara, Izmir und unzähligen anderen Städten der Türkei wurden verraten. Statt auf ein Ende setzte die Koalition aus CDU, CSU und SPD, gestützt von den Grünen, sogar auf eine Intensivierung der Beitrittsverhandlungen. Die AKP wurde somit für ihren Amoklauf gegen Demokratie und Menschenrechte von der Bundesregierung regelrecht belohnt. Auch die Europäische Kommission in Brüssel verfolgte diese Linie. Dabei hatte gerade die Niederschlagung der Gezi-Proteste gezeigt, dass von einer Demokratisierung durch die EU-Beitrittsverhandlungen und durch die Verfassungsreformen in der Türkei, die angeblich einen Fortschritt an Rechtsstaatlichkeit bedeuteten, keine Rede sein konnte. An diesem Spin halten die Protagonisten von einst aus unerfindlichen Gründen bis heute fest. So lehnen sowohl der CDU-Politiker Elmar Brok, seines Zeichens Vorsitzender des Ausschusses für Auswärtige Angelegenheiten im Europaparlament, als auch Rebecca Harms, dort Vorsitzende der grünen Fraktion, auch jetzt trotz des Erdogan-Putsches einen Abbruch der Verhandlungen für einen EU-Beitritt der Türkei ab. Sie wollen sich ihre Lebenslüge nicht kaputt machen lassen, mit der sie versuchen, die Öffentlichkeit hinters Licht zu führen. Allerdings hat sich die Ablehnung dieses Projekts in der Bevölkerung derart erhöht, dass es für die europäischen Regierungen fast schon selbstmörderisch wäre, auf Dauer ihren Brüsseler Sirenen zu folgen. Brok ist dabei noch einmal ein ganz eigener Fall. So schreckt er, um seinen schwachen Argumenten für die Fortführung der Beitrittsverhandlungen Flankenschutz zu verleihen und seine angegriffene Kanzlerin zu verteidigen, nicht davor zurück, mich selbst als Kritikerin dieses Prozesses im Jargon türkischer Islamisten und Faschisten in die Nähe der PKK zu rücken. Aber in der europäischen Öffentlichkeit finden zum Glück Stimmen wie von Elmar Brok im Hinblick auf den Umgang mit Erdogan immer weniger Gehör und stehen für eine immer kleiner werdende Minderheit an furchtbaren Illusionsmalern.

Die Haltung der Bundesregierung gegenüber den Gezi-Protesten war gerade auch vor dem Hintergrund beschämend, dass die türkischen Sicherheitskräfte die Tötung von Demonstranten offen in Kauf nahmen. Am 28. Mai 2013 hatten etwa fünfzig Umweltaktivisten erste Zelte zu einem Protestcamp gegen die beginnenden Bauarbeiten im Gezi-Park errichtet. Bereits hier kam es zu unverhältnismäßigen Gewaltanwendungen der Polizei, während gleichzeitig Zweifel aufkamen, ob überhaupt eine Baugenehmigung vorlag. Die Oppositionsparteien CHP und BDP sowie Künstler und Intellektuelle äußerten ihre Unterstützung für den Protest. Am 30. und 31. Mai griff die Polizei erneut den Platz an. Viele Demonstranten, darunter auch prominente Abgeordnete und Gewerkschafter, wurden verletzt, mehrere Menschen erblindeten, und eine Frau starb Berichten zufolge nach dem Beschuss durch Tränengasgranaten.

In der Folge kam es zu schweren Auseinandersetzungen in den angrenzenden und später auch entfernteren Stadtteilen. Fahnen und Sprühereien ließen auf eine sehr starke Beteiligung kommunistischer und anarchistischer Gruppen sowie von Fußballfans schließen, es sollen sich jedoch teilweise auch Kemalisten und Nationalisten beteiligt haben. Früh machten Gerüchte die Runde, dass das Militär die Proteste tendenziell unterstützen würde, vom nahe gelegenen Gümüssuyu-Militärkrankenhaus sollen einigen Zeugen zufolge Gasmasken ausgegeben worden sein, jedenfalls wurden dort Verwundete behandelt und vor dem Zugriff der Polizei geschützt. Viele Ärzte meldeten sich freiwillig, und in Moscheen, Geschäften und Hotels wurden Krankenstationen eingerichtet. Am 1. Juni weiteten sich die Proteste auf andere Städte aus. Ziel waren dort vorwiegend Gebäude der AKP, in Ankara war es das Parlament. In den Städten außerhalb jeder Art von internationaler Berichterstattung ging die Polizei oft noch gewaltsamer gegen die Demonstrierenden vor als in Istanbul.

Dort zog sich die Polizei zwischenzeitlich vom Taksim-Platz zurück, nachdem Erdogan, um Druck herauszunehmen, ein »teilweise unverhältnismäßig hartes Vorgehen« der Polizei eingeräumt, zugleich aber zum Ende der Proteste aufgerufen hatte. Amnesty International meldete bereits zu diesem frühen Zeitpunkt der Proteste mindestens tausend Verletzte, ebenso viele Verhaftete und mindestens zwei Tote. In mehreren Fällen wurde der Einsatz scharfer Waffen durch die Polizei dokumentiert. Ärzte berichteten von Verletzungen durch ein »farbloses Gas«, mit dem u.a. eine zum Krankenhaus umfunktionierte Moschee angegriffen worden sei. Bevor Erdogan zu einer Nordafrika-Reise aufbrach, verschärfte er am Morgen des 3. Juni noch einmal den Ton. Der Regierungschef sprach von »extremistischen Elementen«, mit denen der Geheimdienst schon »abrechnen« werde. Gleichzeitig ging der damalige Staatspräsident Abdullah Gül, ebenfalls AKP, vordergründig auf Distanz zum Regierungschef. Er soll auch den Rückzug der Polizei vom Taksim-Platz angeordnet haben, so dass einige in diesen Differenzen bereits einen Machtkampf innerhalb der AKP sahen.

Und was tat die Bundesregierung? Am 1. Juni 2013 äußerte sie sich erstmals über ihren Menschenrechtsbeauftragten Markus Löning: »Ich verfolge die Entwicklungen in Istanbul und anderen Städten in der Türkei mit Sorge. Die Meinungs- und Versammlungsfreiheit sind in einer Demokratie zentrale Grundrechte, die es zu wahren und zu schützen gilt. Besonnenheit und Deeskalation auf allen Seiten sind das Gebot der Stunde.« Bundeskanzlerin Angela Merkel zeigte sich »besorgt« und forderte über Regierungssprecher Steffen Seibert ein »besonnenes Vorgehen« der Sicherheitskräfte bei Respektierung der Meinungs- und Versammlungsfreiheit. Die Bemerkungen waren geradezu ein Schlag ins Gesicht der Demonstranten.

In der Türkei fand im Zuge der Gezi-Proteste eine landesweite demokratische Erhebung statt, der die staatlichen Stellen mit brutaler Repression begegneten. Nach offiziellen Angaben nahmen in den ersten drei Monaten mehr als 3,5 Millionen Menschen an rund 5 000 Protestaktionen teil. Laut türkischen Sicherheitsbehörden gab es bei den Protesten ab Ende Mai fünf Tote. Nimmt man die an den Spätfolgen des Tränengaseinsatzes Verstorbenen hinzu, sind mindestens neun Tote zu beklagen. Bei den getöteten Demonstranten handelte es sich mehrheitlich um Aleviten. Drei von ihnen stammten aus Antakya. Der türkische Ärzteverband TTB registrierte mehr als 8 100 Verletzte, die in städtischen und privaten Kliniken sowie in provisorisch von Demonstrierenden auf den Kundgebungsplätzen errichteten Lazaretten behandelt wurden. 63 Protestierende wurden lebensgefährlich verletzt. Der Generalsekretär der Istanbuler TTB-Sektion, Hüseyin Demirdizen, erklärte im *Deutschen Ärzteblatt*: »Fast alle Verletzungen sind auf einige wenige Ursachen zurückzuführen: Die Demonstranten wurden von Tränengasgranaten, Gummigeschossen oder dem Wasserstrahl der Wasserwerfer getroffen. Dem Wasser wurde eine nicht näher bekannte Chemikalie – vermutlich Reizgas – beigemischt. Sehr viele Personen waren an der freien Luft, aber auch in geschlossenen Räumen dem Tränengas ausgesetzt. Andere wurden durch Schlagstockeinsatz, Schläge oder Tritte der Polizisten verletzt.« Hauptsächliche Verletzungsarten waren seinen Angaben zufolge Schädelbrüche, die teilweise auch zu Hirnblutungen führten, ferner Brüche der Gesichtsknochen, Verletzungen am Auge bis zum partiellen Verlust der Sehkraft oder gar der vollständigen Erblindung sowie Knochenbrüche in der Brustgegend und den Extremitäten, weiterhin für sehr viele Patienten Brandverletzungen am Oberkörper und an den Händen, Ekchymosen, Schnittwunden, Bänderrisse an Knien und Füßen sowie Verletzungen am Unter- und Hinterleib und zahlreiche Patienten mit Atemnot, Bronchospasmen und pulmonaler Hypertonie. Weitere häufige Beschwerden seien Brustschmerzen, Palpitationen, Brechreiz, Schwindelgefühl, Hautrötungen mit Juckreiz, Verbrennungen 1. und 2. Grades, Bluthochdruck, Hörsturz infolge von Blendgranateneinsatz sowie verbreitete psychologische Beschwerden wie Halluzinationen gewesen

Die staatlichen Stellen redeten die Polizeigewalt schön und hängten die Zahlen niedriger – und doch unterstreichen auch sie die ganze Dimension der Brutalität der Erdogan-Regierung. Laut türkischen Sicherheitsbehörden wurden demnach 4 329 Menschen verletzt, darunter 697 Polizisten. Mehr als 5 000 Menschen wurden während der Demonstrationen verhaftet, achtzig Prozent von ihnen sollen Aleviten gewesen sein.

Mit meiner Kollegin, der Tübinger Abgeordneten Heike Hänsel, war ich am 15. Juni selbst vor Ort im Gezi-Park. So wurden wir beide Zeugen, mit welchen auf Verletzungen zielenden und dabei den Tod in Kauf nehmenden Methoden türkische Polizeikräfte hier vorgingen. Als das Gelände geräumt wurde, befanden sich dort Tausende Menschen, darunter Ältere und Junge, Eltern mit ihren Kindern. Die Polizei ging mit Wasserwerfern vor, später kamen paramilitärische Jandarma-Verbände zu Hilfe. Brutal zielten die Wasserkanonen ausgerechnet auf die Kinder. Unzählige wurden dabei verletzt. Es war zutiefst schockierend, diese entfesselte, brutale Gewalt der Sicherheitskräfte auf friedliebende, feiernde Menschen mitansehen zu müssen. Wir flüchteten in die Lobby eines nahegelegenen Hotels. Überall lagen Gasgranaten aus US-Lieferung. Eine landete direkt vor meinen Füßen, so dass ich sie dokumentieren konnte. In der Nacht noch spielten sich am Taksim-Platz weitere dramatische Szenen ab, deren Zeugen wir wurden. In der Nähe hatte die Polizei Tränengasgranaten in eine Hotellobby geschossen. Auch hier wurden viele Kinder verletzt. Wir gingen hinüber. Zuerst hieß es, es hätte Tote gegeben, was sich zum Glück als Falschmeldung erwies. Die Polizei aber, das war klar, hatte diese mit ihren Aktionen offen mit einkalkuliert. Tote und Verletzte sollten offensichtlich der Abschreckung dienen

In meiner Analyse unmittelbar im Anschluss der Ereignisse schrieb ich damals den Satz: »Die Regierung kann sich nur auf die Polizei und die (mit der EU gut vernetzte) Gendarmerie verlassen, das nach wie vor tendenziell kemalistische und mit der NATO bestens vernetzte Militär könnte im Falle eines Eingreifens putschistisch agieren.« Und weiter: »Auf jeden Fall sind die EU-Beitrittsverhandlungen mit dieser Regierung, die so repressiv gegen ihre Bevölkerung vorgeht und autoritär regiert, umgehend einzustellen. Alle Versuche, trotz derartiger systematischer Menschenrechtsverletzungen weitere EU-Beitrittskapitel mit der Türkei zu eröffnen, wie es die EU-Kommission, unterstützt von Bundesregierung und französischer Regierung, für den Sommer plant, würden regelrecht als Belohnung des Vorgehens der AKP-Regierung gegen die Proteste verstanden werden.«

Die Belohnung blieb nicht aus. Und das sollte Folgen haben.

15 »Ob darüber Armenier zugrunde gehen oder nicht«

Seit den Gezi-Protesten im Sommer 2013 und meinem öffentlichen Eintreten gegen den für die brutale Repression verantwortlichen damaligen Ministerpräsidenten Erdogan werde ich regelmäßig über die sozialen Netzwerke von türkischen Faschisten und Islamisten als Armenierin bezeichnet. Das ist nach deren Kriterien offenbar die übelste Stigmatisierung und schärfste Feinderklärung. Dabei habe ich im Gegensatz zu Zehntausenden türkischer Bürger keine armenischen Vorfahren, habe mich auch in der Öffentlichkeit nie als Armenierin ausgegeben. Nein, die Bezeichnung »Armenier« wird in diesem Fall – ähnlich wie »Jude« bei den Nazis – als Schimpfwort verwandt. Ich bin für diesen Weckruf türkischer Faschisten im Nachhinein dankbar, denn er hat mich dazu gebracht, mich nicht nur intensiv mit dem Völkermord an den Armeniern 1915 im Osmanischen Reich, sondern auch mit der Mitverantwortung der führenden Köpfe im deutschen Kaiserreich und der Folgen der fortgesetzten Leugnung des Völkermords in der Türkei und in Deutschland zu beschäftigen.

Die Linke und eine ihrer Vorläuferinnen, die PDS, hatten sich als erste Parteien im Deutschen Bundestag für eine Anerkennung des Völkermords an den Armeniern eingesetzt. 2002 aber scheiterte ein Gruppenantrag. Union und SPD waren lange nicht bereit, die weitgehende Vernichtung der armenischen Volksgruppe öffentlich als Völkermord zu werten. Selbst zum

100. Jahrestag dieses Verbrechens taten die Koalitionäre alles, um die unmissverständliche Anerkennung des Völkermords zu vermeiden. Dies geschah unter ausdrücklichem Verweis auf die notwendige außenpolitische Rücksichtnahme gegenüber Ankara. Der öffentliche Druck aber wuchs stetig. Im Mai 2016 war es dann schließlich so weit. Union, SPD und Grüne brachten einen gemeinsamen Antrag zur Anerkennung des Völkermords an den Armeniern in den Deutschen Bundestag ein. Unsere Fraktion war aus Rücksicht auf die CDU/CSU wieder einmal nicht gefragt worden, ob sie sich an der Erarbeitung des Antrags beteiligen wollte. Dies war umso skurriler und nur mit den Gräben des Kalten Krieges zu erklären, in denen sich die Union häuslich eingerichtet hat, als dieser Antrag sich auf Positionen zubewegte, die die Linke seit langem vertritt und die der historischen Realität näherkommen. Denn zum ersten Mal wurde auch eine deutsche Mitverantwortung für den Völkermord eingestanden. Meine Fraktion hielt deshalb ihren Antrag, in dem detaillierter auch auf die Verantwortung kaiserlicher Militärs und Politiker eingegangen wurde, aufrecht, stimmte aber zugleich dem der anderen Fraktionen zu, so dass die Anerkennung des Völkermords den Bundestag am 2. Juni 2016 bei einer Gegenstimme und einer Enthaltung mit überwältigender Mehrheit passierte.

Seit dieser Abstimmung im Bundestag stehe ich unter Polizeischutz. Die Zahl der Beleidigungen, aber auch die Morddrohungen gegen alle elf türkeistämmigen Abgeordneten explodierten förmlich. In türkischen regierungsnahen Tageszeitungen erschienen steckbriefartige Porträts von uns elf Parlamentariern unter Bezugnahme auf persönliche Verhältnisse wie in meinem Fall meine kleinen Kinder. Präsident Erdogan setzte sich an die Spitze dieser Gewaltkampagne und forderte öffentlich dazu auf zu prüfen, ob wir echte Türken seien. In einer Rede in Istanbul warf er uns vor, der verbotenen kurdischen Arbeiterpartei PKK als verlängerter Arm zu dienen. »Es ist sowieso bekannt, wessen

Sprachrohr sie sind«, tobte Erdogan. »Von der separatistischen Terrororganisation in diesem Land sind sie die Verlängerung in Deutschland.« Sein Furor kannte keine Grenzen. »Manche sagen, das seien Türken. Was denn für Türken bitte?« Und dann sprach sich der türkische Präsident, dessen Land Mitglied der NATO ist und das Mitglied der EU werden möchte, allen Ernstes dafür aus, den Abgeordneten Blutproben entnehmen zu lassen. »Ihr Blut muss durch einen Labortest untersucht werden.« Überhaupt sei Deutschland »das letzte Land«, das über einen »sogenannten Völkermord« der Türkei abstimmen dürfe, wetterte Erdogan weiter. Deutschland solle erst einmal Rechenschaft über den Holocaust und über die Vernichtung von mehr als 100 000 Herero in Südwestafrika Anfang des 20. Jahrhunderts ablegen.

In der Folge dieser von der türkischen Staatsspitze gestarteten Hetzkampagne erreichte auch mich eine wahre Flut an Hassbotschaften. »Armenische Hure« ist noch eine der gemäßigten Zuschriften. Oft ergibt sich bei den jeweiligen Schreibern der Widerspruch, dass sie den Völkermord leugnen und ihn zugleich einfordern.

Der Genozid begann am 24. April 1915 mit der Deportation armenischer Politiker und Intellektueller aus Istanbul, auf Befehl des osmanischen Innenministers Mehmet Talat. Über hundert Jahre sind vergangen seit jenem Tag. Bis zu 1,5 Millionen Menschen wurden Opfer dieses grausamen Verbrechens. Kaum einer kennt noch die Namen der Deportierten. Haben wir je etwas von dem Schriftsteller Rupen Zartarian aus Diyarbakir, dem Dichter Yeruhan aus Istanbul oder dem Romanautor Dikran Chökürian aus Gümüshane gehört? Sie alle wurden auf schändliche Art und Weise ermordet. Ja, man kann sagen, mit ihnen wurde auch ein Teil der Kultur des Osmanischen Reiches, ein Teil der Kultur der Welt ausgelöscht, so hatte ich es bei meinem Gedenkvortrag im Armenisch-Akademischen Verein 2014 in Bochum formuliert.

Wenn wir uns heute dem Völkermord an den Armeniern nähern, geht es auch um eine Wiedergewinnung der Erinnerung an die Verschwundenen, eine Erinnerung an die Ausgelöschten. Eine Erinnerung an diejenigen, die in der Kemah-Schlucht ermordet oder die in der Wüste des heutigen Syriens zu Tode gebracht wurden. Diese Erinnerung ist so schwer, weil von Beginn an alles getan wurde, um diese unvorstellbaren Taten vergessen zu machen. Es sollte eben nicht nur die Erinnerung an die Ermordeten ausgelöscht werden, sondern auch, durch die Beseitigung aller Namen oder kulturellen Erzeugnisse, die sie hinterlassen hatten, auch jedes steingewordene Dokument ihrer früheren Existenz. Auch ich habe erst aus Erzählungen meines verstorbenen Vaters erfahren, dass im Dorf meiner Eltern, in der Provinz Erzincan, einst eine armenische Kirche stand. An ihrer Stelle ist heute die Dorfschule. Kein Stein des einstigen Gotteshauses ist dort mehr zu sehen. Die früher gleich neben dem alevitischen Friedhof gelegene armenische Grabstätte gibt es auch nicht mehr.

Das eigentliche Ausmaß nicht nur des Völkermords, sondern auch der Beihilfe der deutschen Militärs und Politiker ist in der deutschen Öffentlichkeit weithin unbekannt. Daran hat leider auch die parlamentarische Anerkennung nichts geändert. Der Bundestag hat sich in seiner Entschließung zur Erinnerung an die Vertreibung und Massaker an den Armeniern im Jahr 2005 um die ganze Wahrheit herumgedrückt. Darin heißt es wörtlich: »Der Bundestag bedauert auch die unrühmliche Rolle des Deutschen Reiches, das angesichts der vielfältigen Informationen über die organisierte Vertreibung und Vernichtung von Armeniern nicht einmal versucht hat, die Gräuel zu stoppen.«

Die historische Wahrheit lässt aber eine Festlegung der Rolle des Kaiserreiches auf bloß eine unterlassene Hilfeleistung nicht zu. Im Interesse der mörderischen Waffenbrüderschaft zwischen dem Deutschen und dem Osmanischen Reich im Ersten

Weltkrieg tat die deutsche Seite alles dafür, um den Völkermord zu decken. 1915 antwortete Reichskanzler Bethmann Hollweg auf österreichische Bedenken: »Unser Ziel ist es, die Türkei bis zum Ende des Krieges an unserer Seite zu halten, gleichgültig ob darüber Armenier zugrunde gehen oder nicht.« Daraus wird ersichtlich, dass Deutschland bereit war, den Völkermord billigend in Kauf zu nehmen. Wichtig war allein die Waffenbrüderschaft mit dem Osmanischen Reich. Als Beispiel sei nur General Fritz Bronsart von Schellendorf, Chef des Generalstabs im Großen Hauptquartier in Istanbul und damit oberster Kriegsplaner direkt nach dem Kriegsminister Enver Pascha, genannt. Bronsart befürwortete nicht nur die Deportation der Armenier aus militärischer Notwendigkeit, sondern äußerte sich auch nach dem Krieg in übelster Form über die armenische Minderheit. In einem Brief von 1921 an das Auswärtige Amt schrieb er: »Der Armenier ist nämlich, wie der Jude, außerhalb seiner engeren Heimat ein Parasit, der sich von dem Marke des Fremdvolkes mästet, unter dem er seinen Wohnsitz aufschlägt. Alljährlich wandern zahlreiche Armenier aus ihrem Stammlande nach Kurdistan, um nach kurzer Zeit ganze kurdische Dörfer zu bewuchern und sich dienstbar zu machen. Daher der Hass, der sich oft in ganz mittelalterlicher Weise durch den Mord missliebig gewordener Armenier entladen hat.« Dazu taten 800 deutsche Offiziere und 25 000 Soldaten im Osmanischen Reich Dienst, die sich auch aktiv am Völkermord an den Armeniern beteiligten.

Diese Mitverantwortung Deutschlands zeigt sich auch in der Antwort auf die Kleine Anfrage des späteren KPD-Gründers und damaligen USPD-Abgeordneten Karl Liebknecht im Januar 1916 im Reichstag. Liebknecht hatte als einziger Abgeordneter im Dezember 1914 gegen die Kriegskredite gestimmt und trat mit seinen Anfragen – dem einzigen parlamentarischen Instrument, das ihm ohne Zustimmung seiner ehemaligen SPD-Fraktion verblieben war – im Reichstag auf, um die imperiale Politik des Kaiserreiches zu beleuchten. Liebknecht fragte: »Ist dem Herrn Reichskanzler bekannt, dass während des jetzigen Krieges im verbündeten türkischen Reiche die armenische Bevölkerung zu Hunderttausenden aus ihren Wohnsitzen vertrieben und niedergemacht worden ist? Welche Schritte hat der Herr Reichskanzler bei der verbündeten türkischen Regierung unternommen, um die gebotene Sühne herbeizuführen, die Lage des Restes der armenischen Bevölkerung in der Türkei menschenwürdig zu gestalten und die Wiederholung ähnlicher Gräuel zu verhindern?« Darauf antwortete ein Dr. v. Stumm, Kaiserlicher Gesandter, Dirigent der politischen Abteilung im Auswärtigen Amt, Kommissar des Bundesrates: »Dem Herrn Reichskanzler ist bekannt, dass die Pforte vor einiger Zeit, durch aufrührerische Umtriebe unserer Gegner veranlasst, die armenische Bevölkerung bestimmter Gebietsteile des türkischen Reiches ausgesiedelt und ihr neue Wohnstätten angewiesen hat. Wegen gewisser Rückwirkungen dieser Maßnahmen findet zwischen der deutschen und der türkischen Regierung ein Gedankenaustausch statt. Nähere Einzelheiten können nicht mitgeteilt werden.« Liebknecht versuchte eine Ergänzungsfrage nachzuschieben: »Ist dem Herrn Reichskanzler bekannt, dass Professor Lepsius geradezu von einer Ausrottung der türkischen Armenier gesprochen …« Diese aber wurde, ohne dass Liebknecht überhaupt zu Ende sprechen konnte, unter Beifall des Reichstages vom Präsidenten unterbunden. Nicht einmal die Frage sollte also gestellt werden können. Zu sehr war man sich einig, diese Verbrechen verschweigen zu müssen. Liebknecht erklärte im Nachhinein seine Handlungsstrategie wie folgt: »Die türkische Regierung hat ein furchtbares Gemetzel unter den Armeniern angerichtet; alle Welt weiß davon – und in aller Welt macht man Deutschland verantwortlich, weil in Konstantinopel die deutschen Offiziere die Regierung kommandieren. Nur in Deutschland weiß man nichts, weil die Presse geknebelt ist.«

Das Vorgehen des Kaiserreiches war, wie gesagt, symptomatisch für spätere Vorgehensweisen, den Völkermord an den Armeniern zu leugnen bzw. zu relativieren. Wie der Sozialwissenschaftler Richard Albrecht recherchierte, gab es im offiziellen »amtlichen Zensurbuch« des Kaiserreiches, die »armenische Frage« betreffend, im Herbst/Winter 1915 zwei zentrale Hinweise. Erstens am 7. Oktober 1915 zu Armenien mit der Anweisung »Veröffentlichungen über die armenische Frage unterliegen der Vorzensur«: »Über die Armeniergreuel ist folgendes zu sagen: Unsere freundschaftlichen Beziehungen zur Türkei dürfen durch diese innertürkische Verwaltungsangelegenheit nicht nur nicht gefährdet, sondern im gegenwärtigen, schwierigen Augenblick nicht einmal geprüft werden. Deshalb ist es einstweilig Pflicht zu schweigen. Später, wenn direkte Angriffe des Auslandes wegen deutscher Mitschuld erfolgen sollten, muss man die Sache mit größter Vorsicht und Zurückhaltung behandeln und später vorgeben, dass die Türken schwer von den Armeniern gereizt wurden.« Zweitens am 23. Dezember 1915 zur Türkei: »Über die armenische Frage wird am besten geschwiegen. Besonders löblich ist das Verhalten der türkischen Machthaber in dieser Frage nicht! (…) Alle Ausführungen, die das Ansehen unserer türkischen Bundesgenossen irgendwie herabsetzen könnten, müssen vermieden werden (…). Aufsätze über die armenische Frage unterliegen der Vorzensur.«

Festzuhalten ist: Die Kumpanei zwischen den Repräsentanten Deutschlands und der Türkei – und zwar über alle Regime und Staatsformen hinweg – bestand nicht nur im Hinblick auf den Völkermord an den Armeniern, sondern auch im Hinblick auf dessen spätere Leugnung und Relativierung. Und dies hat sich leider fortgesetzt bis in unsere Tage. Ein Akt dieser Komplizenschaft sollte sich bei der Abstimmung im Deutschen Bundestag abspielen. Sowohl Bundeskanzlerin Angela Merkel als auch Außenminister Frank-Walter Steinmeier und Vizekanzler Sigmar Gabriel blieben der historischen Abstimmung über die Anerkennung des Völkermords fern. Die Regierungschefin machte »Termingründe« geltend, sie wollte lieber auf einem Kongress in Berlin eine Rede zum Thema »Digitale Bildung« halten. Der Außenamtschef weilte auf einer Lateinamerikareise, und der Wirtschaftsminister zog der geschichtsträchtigen Entscheidung im Parlament einen Auftritt beim Tag der Bauindustrie vor.

So verwundert es auch nicht, dass die Bundesregierung sich am 2. September 2016 von der Resolution des Bundestages de facto distanzierte, indem sie zum einen erklärte, diese sei rechtlich unverbindlich, und indem zum anderen ihr Regierungssprecher Steffen Seibert sogar noch die Wortwahl der Völkermordleugner aus der Türkei übernahm, so dass allen Erklärungen der Bundesregierung, eine Distanzierung von der Resolution sei nicht intendiert, wenig Glaubwürdigkeit zukommt. Erdogan und die Seinen jedenfalls waren höchst beglückt über den erneuten Kniefall Berlins. Die türkische Botschaft in Berlin begrüßte daher erwartungsgemäß die Stellungnahme der Bundesregierung. »Wir sehen das generell eher positiv«, sagte Botschaftssprecher Refik Sogukoglu. Vor allem freue man sich über die Aussage Seiberts, »dass den Gerichten die Entscheidung obliegt, was Völkermord ist – und nicht dem Parlament«. Um das Besuchsrecht von Bundestagsabgeordneten in Incirlik in Absprache mit der türkischen Seite zu erwirken, war man nicht nur bereit, sich vom Bundestag zu distanzieren, sondern auch, die armenischen Opfer dieser Massaker zu verhöhnen. Auch dass Journalisten auf der Pressekonferenz zur Frage der Distanzierung vom Sprecher des Auswärtigen Amtes de facto eine konkrete Auskunft darüber verweigert wurde, warum der Genozid an den Armeniern von seinem Ministerium nicht explizit als Völkermord benannt wird, spricht Bände darüber, zu welchen Konzessionen die Bundesregierung gegenüber Erdogan bereit ist.

Als die Attacken aus Ankara auf die türkeistämmigen Bundestagsabgeordneten im Juni 2016 wegen der Armenien-Resolution überhandnahmen, blieb es Bundestagspräsident Norbert Lammert vorbehalten, im Namen aller Fraktionen die Drohungen des türkischen Präsidenten scharf zurückzuweisen. »Jeder, der durch Drohungen Druck auf einzelne Abgeordnete auszuüben versucht, muss wissen, er greift das ganze Parlament an«, erklärte der CDU-Politiker unter dem Beifall der Abgeordneten. Lammert bekräftigte die uneingeschränkte Solidarität des Bundestages mit allen Kolleginnen und Kollegen, die bedroht oder unter Druck gesetzt worden seien. »Die zum Teil hasserfüllten Drohungen und Schmähungen sind leider auch durch Äußerungen hochrangiger türkischer Politiker befördert worden«, so der Bundestagspräsident. Über den türkischen Präsidenten Erdogan sagte er wörtlich: »Dass ein demokratisch gewählter Staatspräsident im 21. Jahrhundert seine Kritik an demokratisch gewählten Abgeordneten des Deutschen Bundestages mit Zweifeln an deren türkischer Abstammung verbindet, ihr Blut als verdorben bezeichnet, hätte ich nicht für möglich gehalten.« Auch wies Lammert die Verdächtigung von Bundestagsabgeordneten als Sprachrohr von Terroristen in aller Form zurück. Wir, die Fraktion der Linken, verzichteten nach diesen politisch klaren Äußerungen auf die von uns beantragte Aktuelle Stunde im Parlament.

Die Bundesregierung hatte sich zuvor wieder einmal weggeduckt. Regierungssprecher Steffen Seibert verharmloste Erdogans Verbalausfälle als »nicht nachvollziehbar«, eine zurückhaltende Wortwahl, die sich schließlich auch die Kanzlerin zu eigen machen sollte. Am Ende musste reichen, dass sie der Verurteilung durch Lammert im Plenum des Bundestages Beifall spendete. So war erneut eine Chance verpasst worden, Erdogan für seine faschistoiden Äußerungen, in deren Folge eine ganze Gruppe von deutschen Abgeordneten unter Polizeischutz steht, von Seiten der Bundesregierung unmissverständlich zu verurteilen. Auch die »Geste« der Bundesregierung, also ihre De-facto-Distanzierung von der Armenien-Resolution des Deutschen Bundestages im September 2016, um Abgeordneten künftig wieder Besuche der deutschen Soldaten in der Türkei zu ermöglichen, lässt für die Zukunft Böses ahnen. Wer würde es Erdogan verdenken, wenn er ein solches duckmäuserisches Verhalten nicht als Ermutigung für weitere Untaten und seine Sprache der Erpressung und Gewalt auffassen würde?

16 Erdogans Parteien in Europa

Teil der neo-osmanischen Außenpolitik der AKP ist es, die türkischstämmigen Minderheiten in Europa stärker an sich zu binden. Ausgangspunkt dieser Überlegungen eines unerlösten Nationalismus war das als mythische Katastrophe erlebte Ende des Osmanischen Reiches im Zuge des Ersten Weltkrieges. Denn nichts anderes hatte dieses Reich mehr erschüttert als der sukzessive Verlust des Balkans an die sich neu gründenden Nationalstaaten und der zunehmende Einfluss vor allem Englands, Österreich-Ungarns und Russlands. Dieser Verlust war auch mit Drangsalierungen und Vertreibungen türkischer Minderheiten auf dem Balkan verbunden, lange vor dem im Vertrag von Lausanne 1923 geregelten Bevölkerungsaustausch von Türken und Griechen. Auch die jungtürkische Bewegung hatte den Verlust des Balkans tief betrauert – ein wesentlicher Grund für die Revolution von 1908.

Mit ihrem Anspruch, gerade in den ehemals vom Osmanischen Reich beherrschten Gebieten Einfluss zu gewinnen, musste der Balkan geradezu zwangsläufig ins Augenmerk nun auch der AKP geraten. Aber darüber hinaus ging es auch immer stärker darum, dass sich die türkischen Migrantinnen und Migranten in den Ländern Westeuropas ebenso wie die verbliebenen Türkinnen und Türken auf dem Balkan als islamistisch-nationalistische Minderheiten konstituieren sollten. Im Jahr 2010 gewann diese Politik eine neue institutionelle

Qualität. Am 6. April dieses Jahres wurde von Regierungschef Erdogan das Amt für Auslandstürken und verwandte Gemeinschaften (YTB) gegründet. Das YTB untersteht einem Staatssekretariat, aber die Oberaufsicht hat der Ministerpräsident inne. Das YTB ist ein neues scharfes Instrument der türkischen Außenpolitik und hat ganz offiziell vier Zielgruppen: erstens die Auslandstürken, zweitens die Muslime auf dem Balkan, drittens türkische Studierende und viertens Nichtregierungsorganisationen und Parteien. Beim Berliner Thinktank Stiftung Wissenschaft und Politik (SWP) heißt es dazu in der im September 2014 veröffentlichten Studie *Die neue türkische Diasporapolitik* vornehm, das Amt solle »den Organisationen von Türkeistämmigen im Ausland bei ihren Bemühungen um politische Partizipation in dem jeweiligen Gastland zur Seite stehen und ihnen dabei behilflich sein, ihre Beziehungen zur Türkei zu intensivieren«. Und genau dies geschah gerade auch über die Gründung AKP-treuer Parteien in ganz Europa.

Ich bin seit 2005 im Deutschen Bundestag. Ich habe in der Zeit immer wieder Einladungen der AKP-Regierung erhalten, die sich speziell an türkeistämmige Abgeordnete richteten. Als eine der wenigen habe ich diese Einladungen stets abgelehnt, weil ich sie als Teil des Versuchs der Instrumentalisierung von Abgeordneten mit türkischem Migrationshintergrund durch Erdogan begreife. Trotzdem lässt sich sagen, dass diese Strategie der AKP, was Deutschland angeht, komplett gescheitert ist. Denn spätestens mit der Verabschiedung der Resolution zum Genozid an den Armeniern im Juni 2016, der sich keiner der elf türkeistämmigen Bundestagsabgeordneten entgegenstellte, war klar, dass diese sich als Vertreter von AKP-Interessen nicht missbrauchen lassen. Die potentiellen Freunde wurden dann prompt zu Feinden erklärt. Insofern stehen die Bemühungen, eine Türkenpartei in Deutschland durch Erdogan-Fans zu gründen, in unmittelbarem Zusammenhang mit der Bundestagsresolution. In anderen Ländern der EU hatte die türkische Regierung diese Initiative weit früher ergriffen.

Als erstes setzte Ankara in den Niederlanden 2014 an. Dort verließen zwei türkeistämmige Abgeordnete, Tunahan Kuzu und Selcuk Öztürk, Ende 2014 die sozialdemokratische Partei (PvdA) im Streit um die Integrationspolitik der Regierung und gründeten die Partei DENK, die sich als Gegenmodell zur PVV von Geert Wilders sieht. Unmittelbarer Anlass war der Beschluss von Sozialminister Lodewijk Asscher (PvdA), türkische Organisationen wie Milli Görüs, die als Arm der Muslimbruderschaft und willfährige Unterstützerin der AKP in Europa gelten, in den Niederlanden schärfer zu überwachen. Die beiden Abgeordneten waren mit dieser Maßnahme entschieden unzufrieden. Mit ihrer neuen Partei DENK vollziehen sie jeden Schritt Erdogans unkritisch nach und sprechen folgerichtig auch nicht vom Völkermord an den Armeniern. DENK hat bereits 2 600 Mitglieder und könnte bei den nächsten Parlamentswahlen 2017 bis zu fünf Abgeordnetensitze erlangen. Die Chancen stehen nicht schlecht, da man zudem versucht, mit Farid Azarkan vom Zusammenarbeitsverband marokkanischer Niederländer auch Teile der großen marokkanischen Einwanderergruppe in den Niederlanden für sich zu gewinnen.

Auch in Österreich steuert man zielgerichtet auf die Gründung einer Partei auf ethnisch-religiöser Grundlage hin. Hier ergriff Turgay Taskiran, der ehemalige Vorsitzende der Union Europäisch-Türkischer Demokraten (UETD) – einer Vorfeldorganisation der AKP, die im Juli 2016 auch eine Demonstration zum Willkommen Erdogans in Wien mit über 8 000 Teilnehmern organisiert hat –, die Initiative für einen Wahlantritt bei den Wiener Gemeinderatswahlen am 11. Oktober 2015. Wie bei dem niederländischen Pendant wurde auch hier auf den von Rechtspopulisten geschürten Rassismus als Organisationsgrund verwiesen. Es hat den Eindruck, als würden sich hier kommunizierende Röhren rechtspopulistischer Parteien entwickeln. Die einen, die die türkische Minderheit konstituieren sollen, orientieren sich am AKP-Islamismus Erdogans, die anderen wie die FPÖ setzen auf eine Wählergewinnung durch Anti-Islam-Stimmungsmache. Taskirans Liste »Gemeinsam für Wien« konnte mit 7 608 Stimmen und 0,91 Prozent der abgegebenen Stimmen in der österreichischen Hauptstadt einen Achtungserfolg erzielen. Zugleich zog sie mit jeweils einem Mandat in drei Wiener Bezirksvertretungen ein. Obwohl sie heftig abstritt, sich als Türkenpartei gerieren zu wollen, sind die engen Bezüge zur AKP Erdogans und zur UETD unübersehbar. Für die Zukunft ist ein weiterer Ausbau dieser Partei auf Gemeindeebene zu erwarten. Sie zielt, wie die FPÖ, gerade auf Wähler, die bisher sozialdemokratisch gewählt haben.

In Frankreich trat eine Partei, die es auf die Stimmen türkischer Einwanderer absieht, zum ersten Mal 2014 bei den Departementswahlen in den östlichen Landesteilen und 2015 bei der Gemeindewahl in Straßburg an. Beide Male erreichten ihre Kandidaten Achtungserfolge. Gerade in Ostfrankreich leben vergleichsweise viele türkeistämmige Einwanderer. Ziel dieser Partei für Gleichheit und Gerechtigkeit (PEJ) ist eine Kandidatur bei den französischen Parlamentswahlen 2017. Zu ihren erklärten Zielen gehört es, gleichgeschlechtliche Heiraten wieder abzuschaffen. Insgesamt vertritt die Partei ein Programm, das auf einen religiös verbrämten radikalen Konservatismus, eine ethno-religiöse Identitätsbildung mit islamistischer Perspektive ausgerichtet ist.

In Bulgarien lebt seit der Unabhängigkeit 1908 eine große türkische Minderheit, die in zwei geschlossenen Siedlungsgebieten an der türkischen und der rumänischen Grenze regional auch die Mehrheit der Bevölkerung stellt. Bis 1989 waren diese türkischen Bulgaren als eigene ethnische Gruppe diskriminiert. Im Versuch, eine Antwort auf diese Diskriminierungsgeschichte zu geben, gründete sich mit der Bewegung für Rechte und Freiheit (DPS) eine eigene Partei, die an vielen Koalitionen der letzten 25 Jahre in Bulgarien beteiligt war. Diese Partei galt bei aller politischen Koalitionsflexibilität als säkular orientiert und eher auf Moskau denn auf Ankara hin orientiert, wobei man auch hier äußerst pragmatisch verfuhr und sich in keinem Falle der NATO oder US-Interessen in den Weg gestellt hätte. Doch seit dem Abtritt des Parteigründers Ahmed Dogan baute Ankara innerhalb der DPS seine Positionen stetig aus. Nach dem Abschuss eines russischen Kampfflugzeugs über Syrien durch die türkische Luftwaffe Ende 2015 kam es in der Partei deshalb zum Showdown. Nachdem der neue Parteivorsitzende Lütfi Mestan sich in diesem Streit auf die Seite Erdogans gestellt hatte, intervenierte der Ehrenvorsitzende Dogan, Mestan hätte sich nicht in diese Angelegenheit einmischen dürfen, er gehöre zur »fünften Kolonne der Türkei«. In der Folge wurde Mestan von der DPS abgesetzt und flüchtete in die türkische Botschaft in Sofia. Dogan seinerseits erhielt Einreiseverbot für die Türkei. Ergebnis dieses erfolglosen Versuchs Ankaras, die DPS zu übernehmen, war Anfang Februar 2016 die Gründung einer AKP-nahen Türkenpartei unter dem Namen DOST, was übersetzt »Freund« bedeutet und zugleich als Abkürzung für Demokraten für Verantwortlichkeit, Freiheit und Toleranz steht. Die Partei will sich bewusst an Erdogans Türkei anlehnen. Aus der Nähe zu Ankara macht sie keinen Hehl. So waren bei der Gründungskonferenz von DOST sowohl der türkische Botschafter in Bulgarien, Süleyman Gökce, als auch mit Fatma Betül Kaya eine Vertreterin der AKP zugegen. Ideologisch geht die Partei nach dem Vorbild der AKP in Richtung eines neoliberal-islamistischen Modells.

In Deutschland setzte die AKP halbherzig auf das Bündnis für Innovation und Gerechtigkeit (BIG), einen 2010 gegründeten Kleinstverein, der aber nur äußerst bescheidene Wahlerfolge einfuhr und in der Bedeutungslosigkeit verschwand. Deshalb galt bis 2016, bis zur Armenien-Resolution, der Versuch einer Nebenaußenpolitik vielmehr über die Instrumentalisierung türkeistämmiger Abgeordneter. Danach kam es zu erneuten Bestrebungen zur Gründung einer Partei im Sinne von Erdogans Islamismus, der AKP und der Konstruktion einer ethno-religiösen Minderheit der Türken in Deutschland. Einer der Initiatoren ist Remzi Aru, der sich als Unternehmer bezeichnet und zu den Mitbegründern der AKP-Lobbyorganisation UETD in Deutschland gehört. Die Armenien-Resolution des Bundestages habe das Fass zum Überlaufen gebracht, damit sei keine deutsche Partei mehr für Menschen mit türkischen Wurzeln wählbar, tönte der Politprovokateur im Juni und startete so für die AKP einen neuen Anlauf. Die politische Ausrichtung seiner frisch gegründeten Allianz deutscher Demokraten (ADD) ist »fast deckungsgleich mit Erdogans Partei«, so der Parteienforscher Oskar Niedermayer.

Arus Methode ist übersichtlich. Wie den Pegida-Aktivisten geht es ihm allein um die Diffamierung politischer Gegner. Dabei geraten all jene ins Visier dieses Hasspredigers und seinesgleichen, die sich wie der Grünen-Vorsitzende Cem Özdemir öffentlich als Erdogan-Kritiker in Stellung bringen. Aru jedenfalls agiert als größter Polemiker im Dienste des Terrorpaten Erdogan hierzulande. Er ist eine Ikone der nationalistisch-islamistischen Szene in Deutschland. Seine ADD könnte gerade Union und SPD Stimmen abjagen und dürfte künftig als Plattform islamistischer Hetze fungieren. Ein Problem für Aru und die Seinen bleibt, dass im deutschen Parteiengesetz Parteien, die allein als Filialen anderer Parteien fungieren, keine Zulassung erhalten. Bei der ADD ist mithin die Frage genau zu prüfen, ob es sich nicht bloß um einen Ableger der AKP in Deutschland handelt, der die Interessen des Erdogan-Islamismus hierzulande vertritt. Paragraf 2 Absatz 3 des deutschen Parteiengesetzes geht davon aus, dass »politische Vereinigungen (…) nicht Parteien (sind), wenn ihr Sitz oder ihre Geschäftsleitung sich außerhalb des Geltungsbereichs dieses Gesetzes befindet«. Das wäre bei der ADD in der Tat zu prüfen. Unklar ist zudem auch, ob es beim Namen ADD bleiben wird. Seit dem Jahr 2000 wird so auch die Aufsichts- und Dienstleistungsdirektion in Rheinland-Pfalz abgekürzt, eine zentrale Verwaltungsbehörde, die als Schaltstelle zwischen Landesregierung und Kommunen fungiert.

Unverhohlen bekennt sich Remzi Arus Partei zu den osmanischen Heldentaten. Seine Parteigründung machte er via Internet pünktlich um 14.53 Uhr bekannt. Kein Zufall, denn die Zahl erinnert an die Eroberung Konstantinopels durch die Osmanen und den endgültigen Untergang des oströmischen Reiches der Byzantiner im Jahr 1453. Zwischen den Hetzer Aru und den Terrorpaten Erdogan jedenfalls scheint kein Blatt Papier zu passen.

Fakt ist, dass mit dieser Organisation auf eine Spaltung der Gesellschaft abgezielt wird. Schaut man sich Arus Vorgehensweise dabei an, so wird man unwillkürlich an die AfD erinnert. Eine türkische Pegida soll über das Schüren des Hasses auf Andersdenkende auch in Deutschland Fahrt gewinnen. Und dabei stehen die Chancen nicht so schlecht. Denn etwa sechzig Prozent der türkischen Staatsbürgerinnen und Staatsbürger in Deutschland haben, wenn auch bei niedriger Wahlbeteiligung, bei den türkischen Parlamentswahlen für die AKP gestimmt. Das Wählerpotential für Erdogan-Fans dürfte bei den Deutschen mit türkischem Hintergrund etwa gleich groß sein, so das Kalkül. Das wären dann schon einige hunderttausend Stimmen. Vereinzelt könnte man sogar den, wenn auch vorerst aussichtslosen Kampf um Direktmandate aufnehmen.

Dazu kommt, dass bei allen Aktivitäten Pro-Erdogan inzwischen eine Allianz mit den faschistischen Grauen Wölfen zu beobachten ist, so etwa auch auf der Pro-Erdogan-Demonstration in Köln Ende Juli mit 40 000 Teilnehmerinnen und Teilnehmern, die von der AKP-Lobbyorganisation UETD organisiert wurde. Nach Angaben des Berliner *Tagesspiegel* nahmen auch Tausende Anhänger der Grauen Wölfe an der Kundgebung in der Domstadt teil. Teilnehmer skandierten: »Wir wollen die Todesstrafe!«

Die Vertreter der UETD, der Union Europäisch-Türkischer Demokraten, setzen sich auf ganzer Linie für Erdogan ein. Das beinhaltet offenbar auch Drohungen gegen Andersdenkende. So berichtete die *WAZ* von Morddrohungen per Twitter: »Dursun Bas ist Vorsitzender der UETD in Essen, die ›Union Europäisch-Türkischer Demokraten‹ gilt als verlängerter Arm von Erdogans Partei AKP. Am 16. Juli, gleich nach dem Putschversuch, twitterte er – auf Türkisch – an zwei Mitglieder von ›Hizmet‹, wie sich die Gülen-Bewegung offiziell nennt. ›Ihr Ehrlosen – Euer Tod wird nicht einfach sein. Wie könnt Ihr es wagen, auf die Straße zu gehen‹, heißt es in dem Tweet.« Am 20. Juli berichtete das Onlineportal *Heute.at* unter der Überschrift »UETD ruft zu Denunziation von Oppositionellen in Österreich auf« über einen Appell auf der Facebook-Seite der Türken-Union zur Meldung bei türkischen Behörden.

UETD und ADD sollen Erdogans Hetze nach Europa bringen. Als verlängerter Arm der türkischen Außenpolitik geht es darum, ihre Anhänger als Instrument gegen Kritiker des Präsidenten in Ankara einzusetzen. Die Bundesregierung hat diese Entwicklung mit befördert, indem sie Erdogan als Partner hofierte. Jetzt bekommt sie die Rechnung in Form seiner organisierten Hetze hierzulande präsentiert. Aber auch die Medien haben hier eine Mitverantwortung und die Entwicklung lange verschlafen. So ist einer der gern gesehenen Gäste in deutschen

Talkshows mit Millionenpublikum der Erdogan-Vertraute Mustafa Yeneroglu. Er war bis 2015 Generalsekretär der vom Bundesamt für Verfassungsschutz beobachteten Islamischen Gemeinschaft Milli Görüs (IGMG). Heute sitzt er für die AKP im türkischen Parlament.

Ende Mai 2016 antwortete er in der ARD-Talkshow von Anne Will auf deren Frage, ob Erdogan ein »lupenreiner Demokrat« sei, wie aus der Pistole geschossen: »Selbstverständlich!« Und es stelle sich »die Frage des Ein-Mann-Systems in keiner Weise«. Über ein Präsidialsystem werde in der Türkei schließlich schon seit sechzig Jahren diskutiert – das sei keine Erdogan-Sache. Als ich Yeneroglu in derselben Sendung mit Blick auf die Immunitätsaufhebungen in Ankara vor Millionenpublikum vorhielt, die eigene Entmachtung des türkischen Parlaments sei bizarr und »ein probates Mittel von faschistischen Diktaturen«, da wurde Erdogans Lautsprecher ausfällig und verbreitete zahlreiche Lügen wie unter anderem die, ich sei eine PKK-Propagandistin. Es ist das übliche Agieren der AKP, unliebsame Kritiker mit Falschbehauptungen zu überziehen und zu verleumden. Und wahre Wortpirouetten drehte Yeneroglu, als es um die 1915 im Osmanischen Reich verübten Massaker an den Armeniern ging und ob diese als Völkermord zu bewerten seien, wie es der Bundestag wenige Tage nach dieser denkwürdigen Fernsehsendung tun sollte. Die Moderatorin Anne Will insistierte, fragte immer wieder, »ja« oder »nein«, bis Yeneroglu bei reichlich Ablenkung und Ausschweifung über die damals komplizierte geopolitische Gemengelage bei seinem »Nein« angekommen war.

Wortreich verteidigte der AKP-Politiker in deutschen Medien schließlich Erdogans Gegenputsch. Ungeachtet der Massenverhaftungen und Massenentlassungen gebe es in der Türkei nach wie vor Rechtsstaatlichkeit, behauptete Yeneroglu etwa im Deutschlandfunk. Der Staat habe sich aber nach dem

Umsturzversuch in einer Notsituation befunden und »in aller Härte zurückschlagen« müssen, verteidigte der Vorsitzende des Menschenrechtsausschusses des türkischen Parlaments das antidemokratische Agieren seines nach Allmacht strebenden Präsidenten.

17 Erdogans Netz in Deutschland

Seit Jahren baut der türkische Präsident Recep Tayyip Erdogan seinen Einfluss in Deutschland und Europa aus. Dabei geht es aber nicht nur um die Gründung AKP-treuer Parteien und eine Instrumentalisierung der Moscheevereine unter dem Dachverband DITIB in Deutschland. Eine der zentralen Organisationen, die Ideen der türkischen Regierungspartei AKP nach Deutschland und Europa transportiert, ist die Union Europäisch-Türkischer Demokraten (UETD). Im November 2005 ließ es sich Erdogan nicht nehmen, den Kölner Hauptsitz persönlich zu eröffnen. Sogar der damalige Bundeskanzler Gerhard Schröder (SPD) wollte bei der Eröffnung der Europazentrale der UETD eine Rede halten, sagte dann aber kurzfristig ab. Am Abend fand unter Teilnahme von Schröder und Erdogan dann in der Domstadt ein Gala-Diner mit deutsch-türkischen Geschäftsleuten statt. Schröders Rede dort zur Würdigung der Union Europäisch-Türkischer Demokraten am 6. November 2005 ist paradigmatisch für den verantwortungslosen Umgang mit Erdogan und seinen Einflussagenten in Europa. Die UETD sollte mit für die erfolgreiche Integration der türkischstämmigen Migranten in Deutschland sorgen. »Integration kann nicht alleinige Aufgabe von Politik sein. Wir können einen Rahmen setzen. Wir können uns vornehmen, immer besser zu werden. Aber wir bleiben auf die Mithilfe der Zivilgesellschaft angewiesen und auf die Mithilfe vieler Vereine wie diesen, dessen Gast wir heute sind«, so der damalige Kanzler. Damit hatte er stellvertretend für die SPD-Grünen-Bundesregierung den Bock zum Gärtner gemacht, denn allen offiziellen Erklärungen zum Trotz ging es der UETD nie um Integration, sondern allein darum, die Migranten aus der Türkei stärker an die AKP und die neo-osmanische Außen- und Kulturpolitik binden zu können. Wer in diesen Jahren kritisch darauf hinwies, der musste sich an Kurt Tucholsky erinnern: »In Deutschland gilt derjenige, der auf den Schmutz hinweist, für viel gefährlicher als derjenige, der den Schmutz macht.«

Die UETD ist nach dem deutschen Vereinsrecht verfasst, ihre Europazentrale hat ihren Sitz in Köln. Sie hat den Anspruch, alle sieben Millionen türkeistämmigen Migranten in Europa einschließlich der drei Millionen in Deutschland zu vertreten. Die UETD organisiert die großen Auftritte und Wahlkampfreden Erdogans in Europa: von der Kölner Rede im Mai 2010, bei der er Assimilation als »Verbrechen gegen die Menschlichkeit« bezeichnete, bis zu seinen Auftritten während des Wahlkampfes zu den türkischen Parlamentswahlen.

Mittlerweile hat die UETD europaweit Niederlassungen, neben Deutschland (mit jeweils regionalen Repräsentationen in allen Bundesländern) in den Niederlanden, in Belgien, Frankreich, Österreich, Großbritannien, Schweden, Finnland, Norwegen, Dänemark, der Schweiz, Italien und Ungarn. Dabei kann sich die UETD bei ihren Aktivitäten zu Gunsten Erdogans auf den Status als gemeinnütziger Verein stützen. Das heißt, ihre Aktivitäten werden vom deutschen Gesetzgeber nicht nur nicht unterbunden, sondern über den Status der Gemeinnützigkeit sogar noch steuerlich gefördert – und dies, obwohl die UETD vor allem daran arbeitet, alle Migranten, für die sie sich per se zuständig erklärt, an die Türkei zu binden, also auch die deutschen Staatsbürger türkischer Herkunft. Durch ihre Erdogan-Nähe darf sie zumindest als rechtspopulistisch gelten, selbstverständlich will sie aber auch für all diejenigen sprechen, die in Europa mit Erdogan nichts am Hut haben.

Nehmen wir einmal einen typischen UETD-Regionalverband wie den im Ruhrgebiet. Auf dessen Internetseiten findet sich Werbung für folgende Veranstaltungen. Unter der Überschrift »Sie möchten auch den Präsidenten der türkischen Republik treffen?« wurden Bustickets für eine Wahlkampfveranstaltung Erdogans in Belgien im Jahr 2015 verkauft, Hin- und Rückfahrt für 15 Euro. Dann der Hinweis auf Kurse in türkischer und osmanischer Geschichte und Sprachkurse in »Türkisch« und »Osmanisch«. Unter Aktuelles der Hinweis auf eine erfolgreiche Veranstaltung in Dortmund 2015 mit dem damaligen türkischen Ministerpräsidenten Davutoglu, der zehn »Neuigkeiten« mitgebracht habe, u.a. heißt es da: »9.) Die Geburtenförderung, die in der Türkei angeboten wird, wird auch der türkischen Bevölkerung in Europa angeboten. 10.) Mütter, die mit einem türkischen Pass in Europa leben, bekommen Kindergeldzuschüsse: für das erste Kind 300 TL, für das zweite 400 TL und für das dritte 600 TL.« Allein diese kurze Auswahl lässt doch starke Zweifel aufkommen, dass es hier um Integration gehen würde. Ziel ist vielmehr Loyalität mit Erdogan. Und deutsche Behörden fördern dieses Ziel auch noch durch die Gewährung der Gemeinnützigkeit.

Für die Kölner Pro-Erdogan-Demonstration im Juli 2016 zeichnete auch eine andere Organisation verantwortlich, die im deutschen Erdogan-Netzwerk eine immer zentralere Rolle einnimmt: der Osmanen Germania Box Club oder auch Osmanen Germania BC bzw. kurz OGBC. Er gilt als eine der am schnellsten wachsenden Gruppierungen im deutschen Rockermilieu. Nach Erkenntnissen des Landeskriminalamtes Niedersachsen wurde er Ende 2014 in Frankfurt am Main gegründet, im Mai 2015 teilte er sich in den Osmanen BC Frankfurt und den Osmanen Germania BC Rodgau. Anschließend expandierte er bundes- und europaweit unter dem Namen Osmanen Germania BC. Polizeibehörden zufolge ist der OGBC in Deutschland in 22 sogenannte Chapters untergliedert, darüber hinaus sind elf Ortsgruppen im europäischen Ausland bekannt. Allein in Nordrhein-Westfalen gibt es Gliederungen in Aachen, Bielefeld, Bochum, Dortmund, Düsseldorf, Duisburg, Essen, Köln und Münster. Nach eigenen Veröffentlichungen haben die Osmanen Germania in Deutschland 2 500, weltweit 3 500 Mitglieder – darunter auch in der Türkei selbst.

Die niedersächsische Landesregierung bewertet den Osmanen Germania BC wie folgt: »Der OGBC (...) adaptiert durch das Tragen von Jacken, der sogenannten Kutten, mit entsprechenden Abzeichen (›Patches‹) das äußerliche Erscheinungsbild der traditionellen Rockergruppierungen. Auch der hierarchische Aufbau einer jeden Ortsgruppe mit der Vergabe von Funktionsbezeichnungen (Anführer, Vertreter, Sekretär, Anwärter pp.) entspricht denen der traditionellen Rockergruppierungen. Nach eigenem Bekunden hat der OGBC jedoch kein Interesse am Motorradfahren und grenzt sich insoweit von den traditionellen Rockergruppierungen und Motorradclubs ab. Aufgrund dieser Feststellungen wird der OGBC als rockerähnliche Gruppierung angesehen. (...) Diese Gruppierungen zeichnen sich durch hierarchischen Aufbau, enge persönliche Bindung, geringe Bereitschaft zur Kooperation mit der Polizei sowie selbst geschaffene Regeln und Satzungen aus. Ihre Betätigungsfelder gleichen in weiten Teilen denen der Rockergruppierungen.«

Die Bundesregierung erklärte auf eine Anfrage meiner Fraktion, die Osmanen hätten früher Kontakte zu den Rockern der Hells Angels unterhalten, operierten inzwischen aber »unabhängig«. Über sicherheits- und verfassungsschutzrelevante Erkenntnisse will die Bundesregierung nichts sagen. »Solche Auskünfte könnten etwaig geplante strafprozessuale oder vereinsrechtliche Maßnahmen gefährden und würden darüber hinaus die Gefahr in sich tragen, staatliches Handeln in diesem Bereich berechenbar zu machen.« Aus der Antwort mit der Bundestagsdrucksachennummer 18/7796 geht indes hervor, dass Mitglieder des Osmanen Germania BC im September 2015 als Ordner auf einer »pro-türkischen Demonstration« in Mannheim fungierten. Auch bei weiteren Kundgebungen soll der Club als »Sicherheitsdienst« fungiert haben. Über etwaige organisatorische Verbindungen zwischen Grauen Wölfen und Osmanen ist der Bundesregierung zufolge »derzeit allerdings nichts bekannt. (…) Persönliche Kennverhältnisse sind jedoch wahrscheinlich.« Wie meine Fraktionskollegin Ulla Jelpke berichtet, sind Mitglieder der Osmanen auch als Ordner auf Demonstrationen der faschistischen Grauen Wölfe aufgetreten. Auf der Facebook-Seite der Osmanen wurde schließlich für die Pro-Erdogan-Demonstration Ende Juli in Köln geworben und die Erklärung des UETD-Vorstands für die Jubelveranstaltung geteilt.

Unter dem Namen AYTK (Avrupa Yeni Türk Komitesi bzw. Almanya Yeni Türk Komitesi – Europäisches bzw. Deutsches Neue-Türken-Komitee) versucht eine Dachorganisation seit Sommer 2015, konservative, nationalistische, islamistische und faschistische Milieus einander näherzubringen und gemeinsam auf antikurdischen Pro-Erdogan-Demonstrationen in Deutschland auftreten zu lassen. Diese Milieus, die in der Vergangenheit weiter nichts miteinander zu tun hatten, sollen über eine völkisch-islamistische Ideologiekonstruktion zu einer Anti-PKK-Aktionseinheit vereint werden, die nichts anderes zum Ziel hat, als die Anhängerschaft des türkischen Staatspräsidenten auch in Deutschland zu erweitern. In Antwort auf eine Anfrage meiner Kollegin Ulla Jelpke stellte die Bundesregierung lediglich fest, dass es sich bei der AYTK »um einen Zusammenschluss national eingestellter Türken/Türkischstämmiger« handele.

Am 10. April 2016 hatte die AYTK in sieben deutschen Städten Demonstrationen angemeldet. *Der Tagesspiegel* berichtete, dass in einer Presseaussendung der Organisationen als Ziel der angeblichen Anti-Terror-Demonstrationen angegeben wurde, »die Existenz nationalistisch-islamischer Überzeugungen unter in Deutschland lebenden türkischstämmigen Einwohnern als Machtfaktor zu präsentieren«. Nach Angaben der AYTK hatte »der Personenschutz-Unternehmer Timur Yüksek« angekündigt, »die Protestzüge professionell mit mehreren Sicherheitspersonal begleiten und bewachen zu lassen« (sic!). Yüksel gilt als enger Erdogan-Vertrauter, dessen Unternehmen unter anderem die Personenschützer für den türkischen Präsidenten und Ministerpräsidenten stellt.

Zu den weiteren Gruppen, die für diese Demonstrationen mobilisiert hatten, zählt der Verein Turan e.V. Über diese Gruppierung teilte die Bundesregierung auf Nachfrage meiner Kollegin mit: »Der Verein ›Turan e. V.‹ wurde vermutlich im April 2015 gegründet, eine Eintragung im Vereinsregister liegt nicht vor. Die Gruppierung hat ihren Aktivitätsschwerpunkt in Deutschland in Nordrhein-Westfalen. Nach eigenen Angaben gibt es Ortsgruppen/Chapter in Duisburg (gegründet November 2015), Gevelsberg, Köln, Dortmund, Wuppertal, Moers (in Vorbereitung) sowie in Hannover, Pforzheim, Stuttgart, Bruchsal und Schleswig-Holstein. Über die Mitgliederzahlen liegen der Bundesregierung keine Erkenntnisse vor. Anhänger des ›Turan e. V.‹ orientieren sich an den Bekleidungs- und Ordnungsregeln von Rockern. Ideologisch orientiert sich ›Turan e. V.‹ an der rassistisch-nationalistischen, rechtsextremistischen ›Ülkücü‹-Ideologie, die das Türkentum als überlegene Rasse versteht und alles Türkische überhöht. Der Begriff ›Turan‹ ist ein zentraler Terminus der ›Ülkücü‹-Ideologie und bezeichnet ein fiktives Land, in dem alle Türken und Turkvölker zusammenleben sollen. Je nach Auslegung umfasst dieses Land

>Turan‹ ein Gebiet vom Balkan über den Kaukasus bis nach China oder sogar Japan.«

Am 26. März 2016 demonstrierten im Duisburger Stadtteil Hochfeld rund 400 Personen unter dem Motto »Wir unterstützen den Anti-Terrorkampf der türkischen Sicherheitsbehörden«. Organisiert wurde die Demonstration, so ebenfalls die Bundesregierung, vom Turan e.V., der zuvor nicht als Organisator solcher Veranstaltungen in Erscheinung getreten war. »Die Teilnehmer waren aus dem gesamten Bundesgebiet angereist, etwa hundert auch aus den benachbarten Niederlanden. Die Demonstrationsteilnehmer skandierten Parolen wie ›Die Märtyrer sind unsterblich, das Heimatland ist unteilbar‹, ›Nieder mit der PKK‹ und ›Unser Ziel ist Turan‹. Im Demonstrationszug wurden Fahnen der Türkei, ›Turans‹ und ›Ostturkistans‹ (im Sprachgebrauch türkischer Rechtsextremisten umfasst dieses Gebiet das Uigurische Autonome Gebiet Xinjiang in der Volksrepublik China) geschwenkt, immer wieder wurde auch der ›Wolfsgruß‹ gezeigt, das Erkennungszeichen der rechtsextremistischen ›Ülkücü‹-Bewegung.«

Was Erdogans Netz in Deutschland anbelangt, herrscht entweder Ahnungslosigkeit oder der politische Wille vor, das Wissen über die neue Qualität der Vernetzung rechtsextremer Organisationen in Deutschland zum Wohle Erdogans der Öffentlichkeit bewusst vorzuenthalten.

Beispiele, welche Blauäugigkeit gegenüber türkischen rechtsextremen oder islamistischen Organisationen in Deutschland herrscht, finden sich leider zuhauf. So berichtete der Bayerische Rundfunk Anfang August 2016 über Besuche des bayerischen Integrationsbeauftragten bei den faschistischen Grauen Wölfen: »Der Umgang des Integrationsbeauftragten der bayerischen Staatsregierung, Martin Neumeyer, mit den Idealisten-Vereinen sorgte Ende Juli für Kritik. Beim ›Internationalen Sommerfest‹ der Münchner Organisation ›Türkisches Kulturzentrum Bizim Ozak e.V.‹ trat Neumeyer als Redner auf. Der Verein wird vom Inlandsgeheimdienst beobachtet und den Grauen Wölfen zugerechnet. Die Opposition warf dem Integrationsbeauftragten daraufhin eine fehlende Distanz zu Rechtsextremisten vor. Der *Süddeutschen Zeitung* sagte Neumeyer, er wisse schon, dass das türkische Kulturzentrum mit den Grauen Wölfen in Verbindung gebracht wird. Er wolle aber für Rechtsstaatlichkeit und Demokratie werben.« Zum Glück wurde dies wenigstens von der parlamentarischen Opposition im Freistaat thematisiert. »Der Bayerische Verfassungsschutz stellt diese Organisation auf eine Stufe mit der NPD. Der Integrationsbeauftragte kann nicht so tun, als wüsste er nichts davon. Er hofiert eine Bewegung, die in der türkischen Politik am äußersten rechten Rand steht«, so Florian Ritter, Sprecher der SPD-Landtagsfraktion für die Bekämpfung des Rechtsextremismus.

Welche Werte und Traditionen dieses Türkische Kulturzentrum München als Veranstalter des »internationalen Sommerfestes« Neuaubing hochhält, das hat die Zeitung *Junge Welt* am 15. Juli 2016 mit der Beschreibung der Facebook-Seite des seit zwanzig Jahren bestehenden Vereins verdeutlicht: »Dort ist das Symbol der türkischen Faschisten mit den drei Halbmonden der osmanischen Kriegsflagge bereits im Profilbild zu sehen. Gefällt-mir-Links verweisen zur Partei der Nationalistischen Bewegung (MHP) als Mutterorganisation der ›Grauen Wölfe‹ in der Türkei sowie zu deren Frontorganisation Ülkü Ocaklari (Idealisten-Heime) mit dem heulenden Wolf als Symbol. Auch auf die im Verfassungsschutzbericht als Dachverband der ›Grauen Wölfe‹ genannte Föderation der Türkisch-Demokratischen Idealistenvereine in Deutschland e.V. wird verlinkt. (…) In der Türkei waren die für ein Großreich aller Turkvölker eintretenden Ultranationalisten, zu deren Feindbildern Armenier, Kurden und Juden zählen, vor dem Militärputsch von 1980 für Tausende Morde an Linken und Aleviten verantwortlich. Heute finden sich bekennende Anhänger der ›Wölfe‹ in Spezialeinheiten der Polizei, die in kurdischen Städten Massaker an Zivilisten begehen. « Der Vorsitzende des Türkischen Kulturzentrums, Eyüp Tanriverdi, sitze auch im Münchner Ausländerbeirat und werbe derweil auf seiner Facebook-Seite für eine Petition gegen die Wahl von Ali Ertan Toprak in den ZDF-Fernsehrat, berichtete die *Junge Welt* weiter. Toprak ist Vorsitzender der Kurdischen Gemeinde Deutschland e.V. Da er die Arbeiterpartei Kurdistans (PKK) nicht als Terrororganisation bezeichne, so Tanriverdi, könne er im Fernsehrat nicht im Namen »der Migranten« sitzen. Die Petition blieb glücklicherweise erfolglos, im Sommer 2016 ist Toprak in das Gremium gewählt worden.

Es ist höchste Zeit für eine gesellschaftliche Initiative gegen Erdogans rechtes Netzwerk in Deutschland. Wer denkt, es handele sich nur um ein marginales Problem, das man mit Spruchweisheiten à la »die Probleme der Türkei dürfen nicht auf deutschen Straßen ausgetragen werden« wegreden könne, leistet bloß einer weiteren Erstarkung der Erdogan-Bewegung Vorschub.

18 Staatliche Religionsbehörde in Aktion

Über die DITIB (Türkisch-Islamische Union der Anstalt für Religion e.V.) versucht Erdogan auch in Deutschland immer stärker Einfluss zu nehmen. Presseberichten zufolge sind aktuell 970 Imame von der staatlichen türkischen Religionsbehörde Diaynet an diesen Dachverband der türkisch-islamischen Moscheegemeinden entsandt worden. Die Bundesregierung setzt die Zahl auf Grundlage der Angaben der türkischen Botschaft in Berlin etwas geringer an. Meine Kleine Anfrage vom August 2016 beantwortete sie wie folgt: »Nach Angaben der Botschaft der Türkei aus April 2015 sind in den Gemeinden der DITIB (….) 665 für einen Zeitraum von fünf Jahren und 159 für einen Zeitraum von zwei Jahren aus der Türkei entsandte Imame tätig.« (Bundestagsdrucksache 18/9274) Die Bundesregierung bestätigt zudem, dass der DITIB ca. 900 Vereine angehören und etwa 2350 Moscheevereine; über die Medienberichterstattung hinaus habe man keinerlei Kenntnisse über Einflussnahmen Ankaras.

Und das ist ein bitteres Versäumnis. Die türkische Staatskontrolle der Moscheegemeinden stammt noch aus einer Zeit, in der auch die Bundesregierung davon ausgehen konnte, dass sie ähnlich wie in der Türkei selbst dazu dienen sollte, islamistische Strömungen und Vereine abzuwehren. Erdogan aber drehte dies genau um. Seine Staatsbeamten verpflichten die Gemeinden längst auf Erdogan-Treue und Islamismus. Der deutsche Staat wusste davon nichts und wollte das vielleicht nicht einmal. So zog er sich selbst eine Drachensaat heran, die vor aller Augen nach dem Erdogan-Putsch in Deutschland aufging. In der Freitagspredigt vom 22. Juli 2016, an der türkische Staatsbeamte mitgearbeitet haben und die dann regional von Predigtkommissionen an die Moscheevereine in Deutschland ausgegeben wurde, heißt es zum Putschversuch des 15. Juli: »Wir sind Zeuge davon geworden, dass durch die Hand von internen und externen Bösen sowie einer unseligen Struktur ein Putschversuch gegen die Unabhängigkeit unseres Volkes und der Demokratie unseres Landes unternommen wurde.« Wie gesagt, es handelt sich um einen religiösen Predigttext. Weiter heißt es dann wörtlich: »Aber durch dieses Ereignis wurde sichtbar, dass diejenigen, die seit vierzig Jahren die gesäten Körner der Aufwiegelei, des Aufruhrs und der Feindschaft unserem Volk sehr großen Schaden zugefügt haben. Diejenigen, die den eigenen Verstand, die eigene Vernunft und den eigenen Geist anderen zu Diensten stellen, haben nochmals den größten Verrat gegenüber unserem Volk und der Religion der Wahrheit, Gerechtigkeit und Barmherzigkeit begangen.« Das ist bereits die Sprache des Islamismus. Wer diese Predigten liest oder hört, sollte sich nicht wundern, dass Erdogan es schafft, über die Instrumentalisierung der Religion viele Menschen auch in Deutschland für sich zu gewinnen.

Indem die Bundesregierung dieses System der institutionellen Einflussnahme auf die Moscheegemeinden in Deutschland protegiert, fördert sie regelrecht das Anwachsen der Erdogan-Fans auch hierzulande. Sie lässt Erdogan hier frei agieren, seine Staatsbeamten dürfen die Menschen aufhetzen und indoktrinieren. Mit Religionsfreiheit hat dies selbstverständlich nichts zu tun. Das vorgetäuschte Nicht-wissen-Wollen der Bundesregierung geht so weit, dass selbst eine Antwort auf die Frage, inwieweit die aus Ankara entsandten Imame Einfluss auf die in Deutschland lebenden Türken bei den türkischen Parlamentswahlen im November 2015 genommen haben, verweigert wird. So berichtete die Tageszeitung *Die Welt* am 1. November 2015 über Imame, die eindeutig als Wahlhelfer für Erdogans AKP aufgetreten sind, was ein klarer Verstoß gegen die Satzung der Religionsbehörde ist, die nur religiöse, kulturelle und soziale Ziele verfolgen darf, aber eben keine politischen. Wegen dieser Weigerung, derartige Vorgänge überhaupt wahrzunehmen, kann man sich von Seiten der Bundesregierung auch nicht dazu äußern, ob bei der DITIB stärker zwischen Schein (vereinsrechtlicher Unabhängigkeit) und Wirklichkeit (Zugriff einer Religionsbehörde aus dem Ausland) unterschieden werden muss, da zu berücksichtigen ist, dass man es in den DITIB-Führungsetagen zunehmend mit Sympathisanten oder gar Verfechtern von Erdogans Politik zu tun hat. Dies ist umso sträflicher, als die Bundesregierung offenbar intern davon ausgeht, dass sich die Türkei zur internationalen Drehscheibe für die Muslimbruderschaft gewandelt hat. Auf meine Frage, inwieweit es ihrer Kenntnis nach zutrifft, »dass mit Regierungsübernahme der islamistischen AKP von Recep Tayyip Erdogan in der Türkei die islamistischen Muslimbrüder an Einfluss gewonnen haben«, verweigerte sie tunlichst eine Antwort mit dem Verweis: »Im Übrigen kann die Beantwortung zu Frage 17 aus Gründen des Staatswohls nicht erfolgen.« Allein es drängt sich der Eindruck auf, dass die Bundesregierung selbst durch ihr Wegschauen gegenüber der Einflussnahme Erdogans das Wohl eines demokratischen und sozialen Rechtsstaats gefährdet.

Jenseits der von der Bundesregierung verfolgten Drei-Affen-Politik »nichts sehen, nichts hören, nichts sagen« ist jedoch davon auszugehen, dass Erdogan die ideologischen Inhalte der Muslimbrüder auch nach Deutschland exportieren möchte, um die türkeistämmigen Migrantinnen und Migranten in seinem Sinne besser kontrollieren zu können. Da stellt sich durchaus die Frage, ob diese Hinwendung zu einem militanten Islamismus auch eine etwaige Ausreisebereitschaft von Migranten in Richtung Syrien und Irak befördert, um dort für islamistische Terrorgruppen, die den Muslimbrüdern nahestehen, oder für den IS zu kämpfen. Auch wenn sich dieser Zusammenhang nicht belegen lässt, so muss doch festgestellt werden, dass der Anteil der Türkeistämmigen aus Deutschland, die den Lockrufen islamistischer Terrormilizen folgen, hoch ist. »Nach Erkenntnissen der Sicherheitsbehörden hatte etwa ein Viertel der 760 deutschen Islamisten bzw. Islamisten aus Deutschland, die bis Ende 2015 in Richtung Syrien/Irak ausreisten, die türkische Staatsangehörigkeit oder war türkischstämmig«, erklärte jedenfalls die Bundesregierung in ihrer Antwort auf meine Kleine Anfrage vom August 2016 (Bundestagsdrucksache 18/9399).

Wenn es stimmt, dass eine gute Integrationspolitik auch sicherheitspolitisch präventiv wirken kann, versagt die Bundesregierung hier auf der ganzen Linie. Mit ihrer stillschweigenden Duldung drohen die Moscheevereine nicht zu einem Ort des Islam, sondern des politischen Islamismus zu werden, in denen freitags nur das gepredigt wird, was dem türkischen Präsidenten genehm ist. Erdogan und Co. jedenfalls haben kein Interesse, Integration zu fördern. Die entsandten Imame müssen nicht einmal Deutsch sprechen und kehren nach Ablauf ihrer Entsendezeit wieder in die Türkei zurück. Die Moscheevereine werden so dafür genutzt, allein die Bindung an Erdogans Türkei zu stärken. Ins Zentrum der Aktivitäten dieser Vereine, die sich nach eigener Maßgabe ja politischer Einflussnahme enthalten wollen, rücken so Belange der türkischen Innenpolitik. Unverhohlen wird die DITIB direkt auch für den Wahlkampf der AKP eingespannt. So berichtete das Nachrichtenmagazin *Der Spiegel* über eine gemeinsam mit dem AKP-Lobbyverein UETD am 15. Mai 2015 organisierte Großveranstaltung in Karlsruhe im Vorfeld der türkischen Parlamentswahlen, auf der Erdogan Türken in der Bundesrepublik als »die Stimme der Nation« bezeichnete. Auf dieser Veranstaltung sagte der türkische Staatschef in Bezug auf den 100. Jahrestag des Völkermords an den Armeniern auch: »Niemand kann euch überhören in der Welt, wenn ihr wählt, auch nicht diejenigen, die in der EU eine Schweigeminute für Armenier eingelegt haben, können euch ignorieren.« Konsequent sagte die DITIB nach der Verabschiedung der Bundestagsresolution zur Anerkennung des Völkermords an den Armeniern ein Jahr später ein Treffen mit dem Bundestagspräsidenten Norbert Lammert unter Sicherheitsvorwänden ab, um ihre Kritik an der Entschließung zum Ausdruck zu bringen.

Während sich die Bundesregierung weiter in den Mantel der Untätigkeit hüllt, sind inzwischen, nicht zuletzt aufgrund des öffentlichen Drucks, in den Bundesländern einige Politiker aufgewacht. Doch die Erklärungen muten teilweise wie unfreiwillige Satirebeiträge zum Thema an. So berichtete *Zeit Online* im August 2016, dass das Land Nordrhein-Westfalen jetzt die Entwicklung in der Türkei zunächst beobachten wolle, bevor es weiter prüfe, ob die DITIB als Religionsgemeinschaft formell anerkannt werden könne. Die Ereignisse in der Türkei »verstärken die Zweifel, ob DITIB den Kriterien zur Anerkennung als Religionsgemeinschaft entspricht«, so der Chef der Staatskanzlei von Ministerpräsidentin Hannelore Kraft, Franz-Josef Lersch-Mense. Man werde dies »sorgfältig, ergebnisoffen und ohne Zeitdruck prüfen«. Nach zunehmendem öffentlichem Druck beendete das Land im September zumindest die Kooperation mit der DITIB im Bereich von Präventionsprojekten für Jugendliche im Hinblick auf den gewaltbereiten »Salafismus«. Anlass dieser Entscheidung war ein Verherrlichungscomic des Märtyrertodes durch den Bundesverband, von dem sich der Landesverband nicht distanzierte. Ungeachtet dessen will Landeschefin Kraft weiter mit der DITIB beim Religionsunterricht kooperieren. In Niedersachsen strebt die Landesregierung offenbar einen Staatsvertrag an mit der DITIB, hält sich dabei aber an die Vereinssatzungen und nicht an die Praxis. Die Entsendung der staatlichen Imame aus der Türkei wie auch der Einfluss des türkischen Staates im Vorstand des Dachverbands selbst werden ausgeblendet. *Zeit Online* berichtete über die Pirouetten der SPD in Niedersachsen: »Der DITIB-Landesverband Niedersachsen-Bremen habe seine Satzung so gestaltet, dass eine Einflussnahme der türkischen Religionsbehörde und des DITIB-Bundesverbands ausgeschlossen sei, führt ein Sprecher des Kultusministeriums an.« Vor dem Hintergrund dieser Äußerungen muss man befürchten, dass hier nur abgewartet wird, um dann mit der weiteren Aufwertung der DITIB fortzufahren. Alle Warnungen, dass man sich damit Erdogan in die Klassenzimmer holt, wurden in den Wind geschlagen.

Die besten Freunde des Erdogan-Islamismus in Deutschland sitzen indes im Bundesinnenministerium. Die vom ehemaligen Innenminister Wolfgang Schäuble initiierte Deutsche Islamkonferenz sollte »eine bessere religions- und gesellschaftspolitische Integration der muslimischen Bevölkerung und ein gutes Miteinander aller Menschen in Deutschland, gleich welchen Glaubens« erreichen. Dabei aber setzte man gerade auf Erdogannahe Verbände wie die DITIB. An der ersten Phase nahmen als Vertreter muslimischer Organisationen u.a. teil: Sadi Arslan, Botschaftsrat für religiöse Angelegenheiten der türkischen Botschaft in Berlin und in Personalunion DITIB-Vorsitzender, Ayyub Axel Köhler (FDP), damals Vorsitzender des Zentralrats der Muslime in Deutschland (ZMD), Mehmet Yilmaz, Präsident des Verbandes der Islamischen Kulturzentren (VIKZ), Ali Kizilkaya, Vorsitzender des Islamrates für die Bundesrepublik Deutschland und Mitglied der Islamischen Gemeinschaft Milli Görüs. Das bedeutete natürlich eine ungeheure Aufwertung dieser Organisationen. Die DITIB war hier immer die erste Ansprechpartnerin. So war sie vorne mit dabei beim Zweiten Lenkungsausschuss im November 2015. Dabei vertritt die DITIB lediglich 110 000 bis 140 000 Muslime in Deutschland. Auch vor diesem Hintergrund ist die Einstufung als privilegierter Ansprechpartner der Bundesregierung für die Integration von in Deutschland lebenden Muslimen zumindest fragwürdig. Auch die Kritik liberaler Muslime oder von Aleviten an dieser Privilegierung prallte von Thomas de Maizière und Co. ab. Zu wichtig war offenbar das nach Innen verlängerte Bündnis mit dem Terrorpaten Erdogan und Organisationen, die ihm bedingungslos ergeben waren und sind.

Schon vor Jahren hatte ich grundsätzliche Kritik an der vom Bundesinnenministerium einberufenen Versammlung geäußert. »Hassprediger verlieren nur dann ihre Wirkung, wenn ihnen nicht weiter durch soziale Ab- und Ausgrenzungen der gesellschaftliche Nährboden bereitet wird«, erklärte ich anlässlich der dritten Sitzung der Islamkonferenz im Jahr 2008. »Dazu bedarf es sozialer Gleichberechtigung und rechtlicher Gleichstellung.« Der Bundesinnenminister, damals eben Schäuble, versuche über die Tatsache hinwegzutäuschen, dass die meisten Muslime in Deutschland säkularisiert sind, so meine Kritik. »Statt sich für gleiche Rechte und soziale Gleichberechtigung einzusetzen, bricht Schäuble das Prinzip der staatlichen Nichteinmischung in Fragen von Religion und Weltanschauung – und damit mit einer entscheidenden Lehre, die aus den blutigen Erfahrungen der Religionskriege, der Inquisition, des Hexenwahns in Europa gezogen wurde. Nur der säkulare Verfassungsstaat, der die Gewalten teilt und sich aus den Streitfragen von Religion und Weltanschauung heraushält, sichert die elementaren geistigen Freiheiten: Glaubensfreiheit, Gewissensfreiheit, Gedankenfreiheit, Religionsfreiheit, Weltanschauungsfreiheit.« Und weiter: »Ethische Normen und damit zusammenhängende Fragestellungen, etwa zu Würde und Freiheit, Recht auf Leben und Eigentum, Gemeinwohlorientierung, demokratische Teilhabe, gehören unverzichtbar in den Schulunterricht. Die Gleichsetzung von Religion mit Werteerziehung aber befördert eine Aufsplitterung und falsche Gruppenbildung in der Schule. Für den Erziehungsauftrag des staatlichen Schulwesens bedeutet das, dass allgemeinverbindliche Werte nur klar benennbare Verfassungswerte sein können, die das Zusammenleben der Menschen regeln sollen.«

Für mich ist die Islamkonferenz schlicht und einfach überflüssig. »Statt sich für gleiche Rechte und soziale Teilhabe einzusetzen«, so bekräftigte ich im Jahr 2013, »wird lieber ein ›Dialog der Religionen‹ geführt. Religion wird ständig mit Integration gleichgesetzt. Integration ist aber eine soziale, keine religiöse Frage, zumal die meisten Muslime in Deutschland säkularisiert sind. Integration wird sichergestellt durch Arbeit, Bildung, Ausbildung und die Stärkung des Miteinanders.« Es müsse um die soziale und politische Teilhabe der hier lebenden Menschen gehen, schrieb ich weiter, »unabhängig von ihrer sozialen, kulturellen oder religiösen Herkunft«. Notwendig sei »weniger Konferenz und mehr praktische Politik«.

Das eigentliche Problem liegt in einer Politik, die Ausgrenzung und Armut produziert. Daran hat sich bis heute leider nichts geändert. Und so haben islamistische Gruppen und Verbände leichtes Spiel bei der Indoktrinierung und auch Rekrutierung. Die Bundesregierung hilft ihnen bei der Frage der gesellschaftlichen Aufwertung.

19 Was tun gegen Erdogan?

Nach dem Gegenputsch Erdogans ist Umfragen zufolge eine deutliche Mehrheit der deutschen Bevölkerung einer klaren Auffassung, wie sich die Beziehungen mit dessen Türkei in Zukunft entwickeln sollen. Bei einer Infratest-Dimap-Umfrage gaben im August 2016 neunzig Prozent der Befragten an, dass sie kein Verständnis für das Vorgehen der türkischen Regierung nach dem vereitelten Militärputsch haben. Lediglich fünf Prozent hatten Verständnis dafür. Neun von zehn Deutschen sahen die Demokratie in der Türkei als gefährdet an (89 Prozent), und wiederum nur fünf Prozent waren gegenteiliger Auffassung. Folgerichtig fanden 88 Prozent der Befragten, die Bundesregierung solle der türkischen Regierung entschiedener entgegentreten, 69 Prozent waren dafür, die Gespräche über die Visafreiheit auszusetzen, auch wenn die Türkei dann das Flüchtlingsabkommen aufkündigen würde. 74 Prozent stimmten der Auffassung eher nicht zu, dass »die Bundesregierung (…) nach dem Putsch nicht genug Solidarität mit der türkischen Regierung gezeigt« habe. Und achtzig Prozent der Befragten lehnten nach diesen Ereignissen einen EU-Beitritt der Türkei ab – gegenüber lediglich noch 15 Prozent, die ihn befürworteten.

Die Bundesregierung aber schert sich nicht um die zunehmende Skepsis in der Bevölkerung. So kooperiert sie gerade in der Syrien-Politik aufs engste mit der Türkei. Die Bundesregierung leistet nicht einfach nur Hilfe zum Aufbau der Infrastruktur in Syrien, sondern sie tut dies auch in den von islamistischen Gruppen besetzten Gebieten. Über einen von ihr selbst initiierten Fonds, den Syria Recovery Trust Fund (SRTF), hat sie eigenen Angaben zufolge in den syrischen Provinzen Aleppo, Idlib, Hama und Daraa »insgesamt fünfzig Projekte« durchgeführt bzw. bewilligt. Dies geht aus den Antworten der Bundesregierung auf eine Kleine Anfrage meiner Fraktionskollegin Heike Hänsel Ende von Mai 2016 hervor. Was und wer genau da in den von islamistischen Terrormilizen kontrollierten Gebieten unterstützt wird, will sie nicht verraten. »Die exakten Projektstandorte werden aus Sicherheitsgründen nicht veröffentlicht«, so die Bundesregierung (Bundestagsdrucksache 18/8564). Fragen, welche islamistische Gruppe in von ihr geförderten Projektstandorten jeweils herrscht, weicht die Bundesregierung konsequent aus.

Der SRTF wurde 2013 von der deutschen Kreditanstalt für Wiederaufbau (KfW) eingerichtet. Die Bundesrepublik Deutschland und die Vereinigten Arabischen Emirate (VAE) haben innerhalb der sogenannten Gruppe der Freunde des syrischen Volkes den Vorsitz der Arbeitsgruppe für wirtschaftlichen Wiederaufbau und Entwicklung inne. In dieser Funktion beauftragten sie die KfW mit dem Aufbau des Fonds. Für die Umsetzung der Maßnahmen wurde eine intransparente Management Unit eingerichtet, die im türkischen Gaziantep, einer Hochburg islamistischer Gruppen, angesiedelt ist.

Geber des Fonds sind neben den Gründern Deutschland, den VAE und USA inzwischen auch Dänemark, Finnland, Schweden, Italien, Frankreich, Großbritannien, Japan, die Niederlande und Kuwait. Bis Ende 2015 hatte die Bundesregierung 18,7 Mio. Euro in den SRTF eingezahlt. In den ersten fünf Monaten 2016 kamen nochmals 14 Mio. Euro hinzu. Das Gesamtvolumen der Einzahlungen belief sich im Januar 2016 auf etwa 120,4 Mio. Euro. Die Bundesregierung hat offensichtlich keine Probleme damit, wenn diese Gelder in von Dschihadistengruppen kontrollierte Gebiete fließen, solange sie selber nicht deren »dominante Präsenz« festgestellt hat. Das ist insofern beachtlich, als die Bundesregierung zu einem früheren Zeitpunkt schon eingeräumt hat, dass es ihr »aufgrund der wechselhaften Allianzen kaum möglich bzw. nicht sinnvoll« erscheine, »jede einzelne Gruppe auf einer Skala von ›moderat‹ bis ›nicht moderat‹ dauerhaft einzuordnen« (Bundestagsdrucksache 18/7114). Und diese Hilfe läuft über Erdogans Türkei.

Die Türkei-Politik der Bundesregierung hat im Grunde nur noch eine Zustimmung von fünf Prozent der Bevölkerung, zumindest deutet sich dies in den Umfragen so an. Denn Kanzlerin Merkel und Außenminister Steinmeier sind auch nach den repressiven Maßnahmen Erdogans nicht bereit, die Beitrittsverhandlungen einzufrieren, die Visafreiheit auszusetzen oder auch ihren generellen Umgang mit dem Erdogan-Regime zu verändern.

Die Frage, die sich aufdrängt, ist die, wie denn eine alternative Türkei-Politik aussehen könnte und ob es überhaupt eine Möglichkeit gebe, von Berlin aus stärker auf positive Veränderungen in der Türkei hinzuwirken. Ich will hier eine neue Türkei-Politik in einem Zehn-Punkte-Plan kurz skizzieren:

1. Es müssen deutliche Signale an Erdogan gesetzt werden, dass massive Menschenrechtsverletzungen nicht auch noch durch finanzielle Hilfen oder Fortschritte im Beitrittsprozess belohnt werden. Dies würde das Einfrieren der Beitritts- und Visaverhandlungen ebenso bedeuten wie die Aufkündigung des schäbigen Flüchtlingsdeals.

2. Durch seine Politik ist Erdogan zu einer personifizierten Fluchtursache in der Region geworden. Zu einer Änderung seiner Politik lässt er sich nicht mit schönen Worten, sondern nur mit Druck bewegen. Dazu würde ein ganzes Maß-

nahmenpaket gehören: ein sofortiger Rüstungsstopp und die Einstellung aller Lieferungen, die für die innenpolitische Repression genutzt werden, ferner die Aussetzung der polizeilichen, geheimdienstlichen und militärischen Kooperation.

3. Auch angesichts der Unterstützung Erdogans für islamistische Terrormilizen in der Region braucht es eine klare Botschaft der Bundesregierung. Jemand, der die Grenze zum IS offen lässt und islamistische Terrormilizen in Syrien bewaffnet, kann kein Partner sein. Die türkische Invasion in Syrien, die sich in erster Linie gegen die Kurden richtet, wobei sogar offenbar gemeinsam mit dem IS koordinierte Angriffe auf das von Kurden kontrollierte Gebiet erfolgen und eine türkisch kontrollierte Pufferzone in Syrien als Basis für verbündete islamistische Terrorgruppen geschaffen wird, muss klar verurteilt werden. Deshalb muss die Bundesregierung ein Einreiseverbot für Erdogan verhängen und sich international für das Einfrieren seiner Konten starkmachen.

4. Die Bundesregierung muss Initiativen der UNO unterstützen, die von Sicherheitskräften in der Türkei begangenen Kriegsverbrechen zu untersuchen. Sie muss sich international für einen sofortigen Waffenstillstand und Verhandlungen zur Freilassung des Kurdenführers Abdullah Öcalan einsetzen. Erdogans Krieg gegen die Kurden muss gestoppt werden. Die Bundesregierung steht in der Verantwortung, hier diplomatisch aktiv zu werden. Dazu gehört auch ein Treffen von Bundeskanzlerin Merkel mit den verfolgten HDP-Vorsitzenden Selahattin Demirtas und Figen Yüksekdag bei ihren Besuchen in der Türkei.

5. Es ist nicht hinnehmbar, dass Erdogan weiter versucht, die de facto autonomen kurdischen Siedlungsgebiete im Norden Syriens zu destabilisieren und sie zu bekämpfen. Delegierte haben diese Gebiete im März 2016 zu einer Föderation Rojava ausgerufen, in der eine demokratische Selbstverwal-

tung aufgebaut wird. Die Bundesregierung muss ihre Infrastrukturhilfe, die – wie soeben geschildert – bislang über die Türkei auch in von Islamisten gehaltene Regionen Syriens fließt, auf Rojava umlenken und die syrischen Kurden endlich humanitär unterstützen gegen die Aggressionspolitik Erdogans und die von ihm unterstützten islamistischen Terrormilizen.

6. Es braucht künftig einen selbstbewussten Umgang mit der Erpressungspolitik Erdogans. Gegenüber Verbalattacken und Drohungen durch Regierungsmitglieder und -berater oder Abgeordnete der Regierungspartei braucht es eine Null-Toleranz-Politik. Wenn Erdogan droht oder drohen lässt, muss sein Botschafter in Berlin einbestellt werden. Es braucht künftig eine klare diplomatische Sprache, die sich von der bisherigen Unterwerfungspolitik abhebt.

7. Die in Incirlik stationierten Bundeswehrsoldaten sind abzuziehen. Es untergräbt den Charakter der Bundeswehr als Parlamentsarmee, wenn Bundestagsabgeordnete sich nicht vor Ort über deren Mandat und Situation informieren können bzw. wenn sie nur auf Grundlage eines schmutzigen Deals der Bundesregierung mit Erdogan und einer Distanzierung von der Armenien-Resolution eine Besuchserlaubnis erhalten. Bundeswehrsoldaten sollten sich auch deshalb an einem AWACS-Einsatz in der Türkei nicht beteiligen. Solange die Türkei weiter Mitglied der NATO ist, muss die Bundesregierung klare Zeichen setzen, dass sie das antidemokratische Agieren Ankaras auch aus Sicherheitsgründen nicht weiter dulden kann. Dies wäre auch ein zusätzliches Argument für einen friedenspolitisch notwendigen Austritt Deutschlands aus den militärischen Strukturen der Allianz.

8. Der Einfluss Erdogans in Deutschland muss beschnitten werden. Die Entsendepraxis der DITIB-Imame wie auch der unmittelbare Einfluss türkischer Staatsbeamter auf die Texte

der Freitagspredigten muss beendet werden. Bestehende Staatsverträge in den Ländern mit Erdogans DITIB müssen aufgekündigt und neue dürfen nicht geschlossen werden. Radikalislamistische und faschistische Vereinigungen im Dienst Erdogans sind zu verbieten.

9. Der Einfluss Erdogans in den deutschen Parteien ist zurückzudrängen. Es braucht eine Selbstverpflichtung, nicht weiter mit Kräften und Personen zusammenzuarbeiten, die seine Ansichten in Deutschland propagieren und seine einschüchternde Vorgehensweise gegen Andersdenkende dulden oder sogar fördern.

10. Es müssen deutliche Signale gesetzt werden, dass der Rechtsstaat hier die Bedrohungen von Kurden, Aleviten, Linken und Demokraten durch Erdogan-Fans nicht weiter hinnimmt. Die Bundesregierung muss klar Position beziehen, dass sie bereit ist, Rechtsstaatlichkeit und Demokratie selbst auch gegen den türkischen Staatspräsidenten zu verteidigen. Sie muss sich schützend vor verfolgte Oppositionelle in Deutschland stellen.

Die deutsche Außenpolitik unter Merkel und Steinmeier jedenfalls kommt Erdogan gegenüber einer moralischen Bankrotterklärung gleich. Doch versetzen wir uns einen Augenblick in die Protagonisten der deutschen Außenpolitik hinein und akzeptieren wir, dass jede menschenrechtliche Orientierung die Durchsetzung eigener Interessen nur stören würde und deshalb nach außen zwar sehr wohl propagiert werden, im realen Umgang mit der türkischen Seite aber unbedingt in den Hintergrund treten müsse. Selbst wenn wir diese Annahme einmal durchgehen lassen, kann nur ein Scheitern der deutschen Außenpolitik konstatiert werden. Der finstere Deal zur Flüchtlingsabwehr ist eben nicht nur aus menschenrechtlicher Sicht ein Bruch des Völkerrechts und eine Untergrabung internationaler Schutznormen, nein, er wird dauerhaft auch nicht funktionieren. Denn er wurde mit einem Erdogan geschlossen, der in Syrien durch die Unterstützung von Al-Qaida-nahen Verbänden mitverantwortlich ist für die großen Flüchtlingswellen und nun auch in seinem eigenen Land ständig neue Flüchtlinge produziert. Und dass man Erdogan als verlässlichen Partner betrachtet, der zwar auch eigene Interessen hat, sich aber letztlich zum Türsteher Europas und damit Deutschlands machen lassen würde, ist eine klassische Fehleinschätzung von Bundeskanzler- und Auswärtigem Amt. Denn in den bisherigen Verhandlungen hat Erdogan stets neue Forderungen gestellt. Sein Verhandlungsstil entspricht dem eines Gebrauchtwagenverkäufers, der jedes Mal, wenn ein Interessent erneut vorbeikommt, den Preis des rostigen Stück Blechs weiter erhöht. Jenseits allen Opportunismus ist die Bundesregierung dieser Verhandlungsstrategie hoffnungslos unterlegen. Weil Angela Merkel alles auf die Abschottung durch die Türkei gesetzt hatte, war sie bereit, jede noch so dümmliche Demütigung in den Verhandlungen folgenlos hinzunehmen und immer wieder eilig zur Tagesordnung überzugehen.

Die Bundesregierung versagt also nicht nur, was eine menschenrechtlich orientierte Außenpolitik angeht, sie vermag es auch nicht, ihre finsteren Interessen gegenüber dem Potentaten Erdogan im Tausch durchzusetzen. Deshalb steht man im Herbst 2016 geradezu fassungslos vor einem Scherbenhaufen der deutschen Türkei-Politik.

So wie die deutsche Außenpolitik zu Beginn des 20. Jahrhunderts das Osmanische Reich an seiner Seite halten wollte, auch wenn die Armenier darüber zugrunde gingen, so will sie heute, rund hundert Jahre später, die Türkei in der Allianz halten, auch wenn die Kurden darüber zugrunde gingen. So steht man in einer Tradition des deutschen Imperialismus, in der Tradition des kaiserlichen Reichskanzlers Theobald von Bethmann Hollweg. Das aber ist eine Außenpolitik auf dem Rücken der Menschen in der Türkei, im Nahen Osten und auch in Deutschland. Es ist eine Außenpolitik, die sich gegen die Interessen der Mehrheit der Menschen richtet. Es ist eine Außenpolitik ohne Zukunft. Es ist eine Außenpolitik ohne jede Strategie, die von einer schieren Gelegenheit zur anderen taumelt.

Anmerkungen

1 Das gesperrte Video lässt sich im Internet dennoch finden: https://www.you-tube.com/watch?v=vFGWY51_wow

2 Vgl. dazu ausführlich Jutta Gerlach, *Der verpasste Frühling. Woran die Arabellion gescheitert ist*, Berlin 2016, S. 241 ff.

3 Klaus Kreiser, *Geschichte der Türkei. Von Atatürk bis zur Gegenwart*, München 2012, S. 112.

4 Cigdem Akyol, *Erdogan. Die Biografie*, Freiburg 2016, S. 231. Die folgenden Zitate sind S. 322 entnommen.